개인주의자
선언

개인주의자 선언

판사 문유석의
일상유감

문학동네

차례

인간 혐오

고백으로부터 시작해야 할 것 같다. 나는 사람들을 뜨겁게 좋아하는 편이 아니다. 오히려 인간 혐오증이 있다고까지도 할 수 있다. 지하철에서 양옆에 사람이 앉는 게 싫어서 구석자리를 찾아 맨 앞칸까지 가곤 한다. 제주도 송악산에 처음 간 날, 둘레길 입구에서 쏟아져나오는 알록달록 등산복 차림에 흥겨워 목소리 높아진 아주머니 아저씨들의 무리를 보는 순간 바로 절경을 포기하고 발길을 돌려 사람 없는 중산간 마을만 한참 걷다 온 일이 있다. 세상에서 제일 싫은 것이 회식이고 행사다. 어렸을 때는 친척들 모이는 명절이 제일 싫었다. 114 상담사가 "사랑합니다, 고객님" 하길래 반사적으로 질색을 하며 "왜요?" 한 적이 있다. 〈사람이 꽃보다 아름다워〉란 노래를 들을 때마다 머릿속에 '무슨 근거로?'가 떠오른다. 그런 나지만 무인도에서 혼자 살 수는 없기에 사람들과 어울려 사회 속에서 살아간다. 그건 필연적으로 무수한 '그럼에도 불구하고'를 낳는다. 이 책은 그것들의 산물이다.

이런 인간형은 사실 어느 조직에서나 사랑받기 힘들다. 사랑받지 못하는 건 별 상관없지만(대체로 사랑받으면 기대에도 보답해야 하므로 귀찮은 일도 생긴다), 그렇다고 내 자유를 지키기 위해 매사에 일일이 투쟁할 열의까지는 없기에 평화를 위해 어쩔 수 없이 양보와 타협을 해야 한다. 단합을 도모한다는 직장 체육대회나 등산이 내 개인 시간인 주말에 개최되는 것이 치가 떨리게 싫지만 빠지려면 없는 친척을 돌아가시게 만드는 최소한의 성의라도 표시해야 한다. 술 한두 잔도 겨우 먹는 체질이지만 회식 때 돌아가는 잔을 거절하여 흥이 오른 타인들의 주목을 받는 것은 더 싫기에 일단 받아먹고, 음료수 잔에 뱉는 눈치라도 있어야 한다. 주당들의 흥이 오르면 장단을 맞춰 취한 척하는 메소드 연기가 필요하다. 집단주의 성향이 강한 한국사회에서 투사가 되기 싫으면 연기자라도 되어야 하는 거다. 나는 어릴 때부터 좋게 말하면 냉소주의였고, 정확하게 말하면 비겁했다. 불의를 질끈 잘 참는다. 타인들이 원하는 연기를 잠시 해주면 내 자유가 더 확보된다는 걸 일찍 영악하게 깨친 거다.

그리고 난 아마 그 연기를 꽤 잘해내는 쪽이었을 거다. 요령껏 정 싫은 것은 정면으로 부딪치지 않으면서 피해 다니고, 어쩔 수 없이 감수해야 하는 것이라면 오히려 적극적으로 잘해내고. 그렇다. 재수없는 캐릭터다. 속내야 어떻든 요령 좋게 적당히 좋은 평가도 받고, 모나게 남들과 대립하지도 않으면서 학창생활부터 사회생활까지 그럭저럭 잘해왔고, 세월은 모난 면을 둥글게 많이 다듬어주기도 했다. 그리고 이제는 나름 짬밥이 되어 내가 싫은 건 어느 정도 안 할 수 있는 여유도 생겼다.

그럼에도 불구하고 난 가끔 대나무숲에라도 가서 마음속 구석에 쌓인 외침을 토해내고 싶을 때가 있다. 이놈의 한국사회에서 살아가려면 견뎌야 하는 것들이 지긋지긋하게 싫다고 말이다. 눈치와 체면과 모양새와 뒷담화와 공격적 열등감과 멸사봉공과 윗분 모시기와 위계질서와 관행과 관료주의와 패거리 정서와 조폭식 의리와 장유유서와 일사불란함과 지역주의와 상명하복과 강요된 겸손 제스처와 모난 돌 정 맞기와 다구리와 폭탄주와 용비어천가와 촌스러움과 기타 등등 기타 등등 기타 등등.

첫머리에 이런 구질구질한 응석 같은 이야기를 늘어놓고 있는 것은, 결국 이런 모든 나의 편향이 내 글에 배어 있을 것이기 때문이다. 아무리 객관적인 척 논리를 펴도 결국 인간이란 자신의 선호, 자기가 살아온 방법에서 벗어나기 힘들다. 게다가 현대 심리학의 연구 결과는 인간의 성격조차 타고난 요소, 즉 유전자의 영향이 상당하다고 말해준다. 그 바탕 위에 인간관계, 일, 독서 등을 통해 쌓아온 직간접 경험들이 결국 '나'라는 고유한 개인을 만들어내는 것이다.

영화 〈스타워즈〉에 나오는 서로 다른 별에서 온 외계인들이

북적대는 술집 같은 것이 내가 생각하는 사회다. 내가 옳다고 생각하는 것들은 내 생각일 뿐 다른 별에서 온 사람들에게 강요할 수 있는 것이 못 된다. 그저 저 별에서 저런 과정을 거쳐 자란 인간들은 저렇게 생각하는구나 하는 것을 서로 알게 될 뿐이다. 별것 아닌 것 같지만, 그 차이에 대한 인식이 평화로운 공존과 타협의 시작일지 모른다. 저 초록색 외계인들이 내 맘에는 안 들더라도 어차피 잠시 머물며 즐겁게 보내야 할 이 술집에서 서로 오해하고 총질하면 내 손해니 잠시 참아주기라도 하자는 합의가 있어야 술집이 돌아간다. '다름'은 물론 불편하다. 하지만 그 불편함을 가능한 한 참아주는 것, 그것이 톨레랑스다. 차이에 대한 용인이다. 우리 평범한 인간들이 어찌 이웃을 '사랑'하기까지 하겠는가. 그저 큰 피해 없으면 참아주기라도 하자는 것이다. "제발 우리 서로 사이좋게 지내요. 어차피 한동안은 이 땅에 다 같이 발붙이고 살아야 하잖아요. 그러니 서로 노력을 해나가자고요." 평생 청각장애인으로 살아야 될 정도로 백인 경관들에게 무차별 구타를 당한 로드니 킹이 그로 인한 LA 폭동 때 평화를 호소하며 했던 말이다.

타인의 발견

앞에서 조금은 위악적인 말투로 고백했듯이 나는 기본적으로 이타심이 크지도 않고, 인간애가 넘치는 휴머니스트도 아니다. 그래서 나 같은 사람이 법관의 일을 할 자격이 있을까 하는 고민이 마음을 무겁게 할 때가 많다. 게다가 언제부턴가 어쭙잖은 생각과 고민을 담은 글을 여기저기에 쓰기까지 이르렀다. 글을 쓴다는 것은 스스로에게 질문을 던지는 일이었다. 살아가며 일하며 만나는 불합리한 일, 안타까운 일, 분노하게 만드는 일에 대해 글을 쓰고 나면 나 스스로에게 묻게 된다. 이 모두는 결국 개인과 개인이 모여 사는 '사회'에 관한 생각들이다. 왜 소소한 일상 속을 살아가며, 책을 읽으며, 영화를 보며, 신문을 읽으며, 일을 하며 자꾸만 이런 생각을 하게 되는 것일까. 분명히 난 내 삶이 우선인 개인주의자고, 남의 일에 시시콜콜 관심 없으며, 누가 뭐라 하든 내 방식의 행복을 최대한 누리며 살다 가고 싶을 뿐인데.

곰곰이 생각해보니 알 것 같았다. 이유는 모르겠지만 살아가면서 분명히 내 일이 아닌데도 가슴이 덜컥 내려앉는 순간들이 있다. 피가 거꾸로 솟는 순간들이 있다. 나도 모르게 눈물이 주책없이 줄줄 흐르는 순간들이 있다. 잘난 과학이 그걸 거울 뉴런의 작용이라고 하든 옥시토신 호르몬의 분비라고 하든 갱년기 증세라고 하든 내 몸과 마음이 격렬하게 반응하는 순간들이 있다.

나와 아무 상관없는데도 지하주차장에서 일하며 힘겹게 공부하는 젊은이가 부잣집 사모님 앞에 잘못 없이 무릎 꿇고 고개 숙이는 꼴을 보면 피가 거꾸로 솟아 앞이 아득해진다. 한남대교를 지날 때마다 십 년 넘도록 마주치는 '실종된 송혜희 좀 찾아주세요' 현수막은 여전히 가슴을 덜컥 내려앉게 만든다. 그 현수막을 아이 아빠가 16년째 새것으로 바꿔 걸고 있다는 걸 뒤늦게 알고는 나도 모르게 눈물을 흘리지 않을 수 없었다.

그리고 나뿐 아니라 모두가 경험한 순간이 있다. 눈앞에서 수많은 아이들이 시퍼런 바닷속으로 사라지는, 다시 생각하기도 끔찍한 순간. 몸이 떨리고 무섭고 무력하고 울음조차 안 나오는 시간들을 경험하며 조금씩 깨달았다. 우리가 당연하게 여기는 평온한 일상이라는 것이 얼마나 쉽게 깨져버리는 유리 같은 것인지. 우리 하나하나는 얼마나 무력한지. 우리가 문명이라 부르고 사회라고 부르는 것이 얼마나 허약한지. 그리고 나와 아무 상관없어도 타인들이 고통을 당하는 옆에서 나 혼자 행복한 일상을 누린다는 것이 얼마나 죄스럽고 마음 무거운 일인지.

평범한 일상에서도 이런 순간들을 피할 수가 없는데, 하물며 상처 주고 상처받아 피 철철 흘리는 사람들을 늘 만나야 하는 법정에서는 또 어떻겠는가. 솔직히 내가 쓰는 글의 출발점에는 '나 같이 이기적이고 무심한 사람조차 자꾸 접하다보니 결국은 깨닫고 느낄 수밖에 없는 것들이 있더라. 하물며 나보다 훨씬 따뜻한 가슴을 가진 많은 분이 이런 일들을 보고 듣는다면 어떻겠나. 내가 겪은 것들을 알려드리기라도 하고 싶다'는 안타까움이 있다. 그동안 이곳저곳에 쓴 글들을 다시 읽어보니 결국 모두 같은 얘기를 하고 있다는 생각이 들었다. 개인주의자인 '나'의 눈으로 본 세상의 여러 얼굴들이다. 나의 시선이 보편타당할 것이라는 기대는 하지 않는다. 오히려 우리 사회에 살면서 내가 유독 먼 변방의 특이한 별에서 온 이방인처럼 느껴질 때도 많았다. 그런데 불현듯 알고 보면 나와 비슷한 별에서 온 사람들이 꽤 많은데 단지 목소리 큰 사람들 사이에 묻혀 눈에 안 띄는 것 아닐까 하는 생각이 들었다. 그 생각에 용기를 내어 더 솔직하게 내 생각들을 털어놓기로 했다.

독자님들은 이제부터 어쩌면 낡은 일기장을 꺼내 읽어볼 때처럼 거칠고 두서없는 느낌이나 생각들과 마주치게 될지도 모르겠지만, 이거 하나만큼은 미리 말씀드리고 싶다. 사회에 나와 지금까지 겪어온 사람들의 모습을 한마디로 요약하자면, 누구나 자기 몫의 아픔은 안고 살고 있더라는 거다. 굳이 구체적으로 이야기하지는 않겠지만 나 자신의 몫도 포함해서 하는 말이다. 직업병 때문일까. 어떤 때는 다른 것은 몰라도 고통만큼은 평등할지도 모르겠다는 생각이 든다. 부자도 권력자도 스타도 화려한 겉껍질 속에는 곪을 대로 곪은 상처가 가득했다. 건강 때문에 가족 때문에 자식 때문에 때로는 자기 자신 때문에 남모를 고통에 시달리는 경우가 허다했다. 하물며 돈도 권력도 없는 평범한 사람들은 어떻겠는가. 그 흔하디흔해 보이는, 건강하게 자라서 사랑하는 이를 만나 아이를 갖고 키우며 사는 일들이 실은 얼마나 전쟁같이 힘든 일인지……

지금 힘들어하는 모든 이들에게 드리고 싶은 한상궁 마마님의 말씀이 있다.

장금아. 사람들이 너를 오해하는 게 있다. 네 능력은 뛰어난 것에 있는 게 아니다. 쉬지 않고 가는 데 있어. 모두가 그만두는 때에 눈을 동그랗게 뜨고 다시 시작하는 것. 너는 얼음 속에 던져져 있어도 꽃을 피우는 꽃씨야. 그러니, 얼마나 힘이 들겠어……

"네 능력은 뛰어난 것에 있는 게 아니다. 쉬지 않고 가는 데 있어"라고 격려해주면서도, 끝에는 "그러니 얼마나 힘이 들겠어"라며 알아주는 마음. 우리 서로에게 이것이 필요한 시대가 아닐까.

The
Individualist
Manifesto

1부

만국의
개인주의자여,
싫은 건 싫다고
말하라

© Sean Tubridy

나라는
레고 조각

나는 그저 이런 생각으로 산다. 가능한 한 남에게 폐나 끼치지 말자. 그런 한도 내에서 한 번 사는 인생 하고 싶은 것 하며 최대한 자유롭고 행복하게 살자. 인생을 즐기되, 이왕이면 내가 할 수 있는 범위 내에서 남에게도 좀 잘해주자. 큰 희생까지는 못하겠고 여력이 있다면 말이다. 굳이 남에게 못되게 굴 필요 있나. 고정되고 획일적인 것보다 변화와 다양성이 좋고, 개인의 선택과 자유를 선호하며, 남에게 피해를 주지 않는 한도 내에서 살아 있는 동안 최대한 다양하고 소소한 즐거움을 느껴보다가 아무것도 남기지 않은 채 조용히 가고 싶은 것이 최대의 야심이다.

인간이라는 게 다 거기서 거기니 과잉 기대도 말고 과장된 절망도 치우고 서로 그나마 예쁜 구석 찾아가며 참고 살자 싶다. 큰 기대 않고 보면 예쁜 구석도 꽤 있다. 이건 결국 자기변명이다. 그래야 남들이 나도 참아줄 테니. 어차피 사람들을 피해 혼자 살 것도 아니면서 인간의 본질적 한계, 이기심, 위선, 추악함 운운하며 바뀌지도 않을 것들에 대해 하나마나한 소리 하지 말고 사회적 동물로 태어난 존재답게 최소한의 공존의 지혜를 찾아가자. 그게 각자의 행복 극대화에도 최선의 전략일 것이다.

인간은 쉽게 바뀌지 않는다. 쓰고 보니 난 여전히 소년 시절과 다를 바 없이 정 많은 휴머니스트보다는 도구적으로 최소한의 도덕을 찾는 현실주의자다. 그게 한심스럽기도 하지만 그래도 훌륭한 소수보다 '찌질한' 다수가 많은 것이 현실이기에 그 다수의 하나로서 간증하는 거다.

가끔 이런 원래의 성향을 잊고 오버할 때가 있다. 내가 마치 대단한 존재라도 된 양 착각에 빠지기도 하고, 세상의 진리를 깨달은 양 개똥철학을 늘어놓기도 한다. 남들에게 사랑받고 싶은 욕심에 자신을 분칠하고 포장하기도 한다.

다행히 내게는 오뚝이처럼 제자리로 돌아와 나 자신을 대면하게 만드는 습성이 하나 있다. 개구리, 박쥐, 곰도 아닌 주제에 겨울마다 활동성이 극히 떨어지고 혼자만의 공간에 틀어박혀 꼼

짝도 하기 싫은 증세가 나타나곤 한다. 친구가 보자고 연락해도 이 핑계 저 핑계 대며 안 나가게 된다. 거창한 이유를 생각할 필요는 없다. 일조량 변화에 예민하게 반응하는 체질인 거다. 겨울마다 난 유물론자가 된다. 태양이라는 외부 에너지 변화에 따라 인간의 의식이 어떻게 반응하는지를 몸으로 느끼니까.

좋은 점도 있다. 해가 바뀔 무렵마다 누군가가 리셋 버튼을 눌러주는 것만 같다. 봄에서 가을까지 의욕 과잉, 욕심, 탐닉, 집착, 조바심 등이 나도 모르게 조금씩 쌓이다가 겨울의 어느 순간 '도대체 왜 그랬었지?' 하는 느낌에 그 모든 걸 잊고 만다. 인간관계도 너무 넓혔다는 두려움이 몰려와 덜컥 움츠러들곤 한다. 누군가를 서운하게 만들기도 한다. 막 공장 출고된 상태로 돌아가는 거다.

'세상과 전면적인 관계를 맺고 싶지는 않다'가 내 초기 상태다. 사춘기 소년이 아니니까 '세상과 일체의 관계를 맺고 싶지 않다'는 아니다. 그건 불가능한 망상이다. 다만 '내가 통제할 수 있는 범위 내에서만' 관계를 맺고 살아가고 싶다. 내 공간을 침해받고 싶지 않은 것이 내 본능이고 솔직한 욕망이다. 누구는 세상으로부터 전면적인 인정, 사랑, 존경을 받고 싶어하고 누구는 세상에 전면적으로 헌신하고 싶어하지만 누군가는 광장 속에서는 살기 힘든 체질이기도 하다. 그걸 죽어도 이해 못하는 사람들이 있다. 그냥 레고에는 여러 모양의 조각들이 있는 거다.

겨울의 리셋 상태가 안 좋은 점은 자꾸 '의미'를 따지게 된다는 것이다. 사실 의미를 따져 묻기 시작하면 할 수 있는 게 거의 없다. 세상은 완고하고 인간은 제각기 어리석다. 의미를 따지지 말고 자기만족이든 뭐든 마음이 가는 대로 자유롭게 움직여야 하는데.

나이를 먹으며 조금 나아지는 것이 있다면 관성의 법칙으로 멈춰 있을 때 조바심 내지 않고 몸을 맡겨두는 여유가 생겼다는 거다. 몸도 머리도 비워서 가볍게 놔두면 또 움직일 동력도 생기기 마련이다.

링에 올라야 할 선수는 바로 당신, 개인이다

———— 개인주의자로 살다보면 필연적으로 무수한 '그럼에도 불구하고'를 고민하게 된다.

그럼에도 불구하고 왜 나와 다른 타인을 존중해야 하는가. 아니, 최소한 그들을 참아주기라도 해야 하는가. 그럼에도 불구하고 왜 가끔은 내가 양보해야 하는가. 그럼에도 불구하고 왜 내 자유를 때로는 자제해야 하는가. 그럼에도 불구하고 왜 타인들과 타협해야 하는가. 그럼에도 불구하고 왜 그들과 연대해야 하는가.

결국 내가 행복하기 위해서다. 그것이 목적이고 나머지는 방편이다. 개체로서는 털 없는 원숭이에 불과한 호모사피엔스는 무리를 이루어 먹이를 사냥하고 겨울을 견뎌내며 진화의 고리의 정점에 섰다. 인간에게 있어 타인은 생존과 번식을 위한 최고의 유용한 자원이다. 그래서 인간은 사회적 동물이다. 인간이라는 종이 서로가 서로에게 늑대이기만 하다고 말할 수는 없지만, 그렇다고 인간이 흰개미나 꿀벌과 같다고 말할 수도 없다. 집단, 공동체가 개인에 우선하는 숭고한 유기체고 개인은 이를 위해 기쁘게 헌신하고 희생해야 할 나사못인 것이 아니다. 왼쪽으로든 오른쪽으로든 신의 나라로든, 집단에 대한 헌신을 찬양하며 사람들을 몰고 가는 피리 소리는 불길하고 미심쩍다. 인간 세상에 정답은 없고 현실에서 유토피아는 대체로 디스토피아로 실현되곤 했다. 그래서 우리는 눈을 부릅뜨고 있어야 한다.

개인의 행복을 위한 도구인 집단이 거꾸로 개인의 행복의 잣대가 되어버리는 순간, 집단이라는 리바이어던은 바다괴물로 돌아가 개인을 삼킨다. 집단 내에서의 서열, 타인과의 비교가 행복의 기준인 사회에서는 개인은 분수를 지킬 줄 아는 노예가 되어야 비로소 행복할 수 있고, 그렇지 않으면 영원히 사다리 위로 한 칸이라도 더 올라가려고 아등바등 매달려 있다가 때가 되면 무덤으로 떨어질 뿐이다. 행복의 주어가 잘못 쓰여 있는 사회의 비극이다.

고민의 출발점은 '그럼에도 불구하고 왜 우리는 불행할까'다. 세계 최빈국에서 경제대국으로 일어선 기적에도 불구하고. 시민의 힘으로 민주화를 성취하여 평화적 정권교체가 주기적으로 이루어지는 전 세계에서 몇 안 되는 나라임에도 불구하고. 총에 맞거나 칼에 찔릴 위험 없이 강남역, 홍대 앞에서 새벽까지 젊은이들이 술 먹고 심지어 길바닥에 쓰러져 자기도 하는 몇 안 되는 나라임에도 불구하고. 객관적 지표로는 적어도 세계 상위 20퍼센트

또는 10퍼센트 내에 드는 장점을 많이 갖고 있음에도 불구하고. 여기가 싫어서 이민 가고 싶다고들 하지만 세계지도를 놓고 정말로 찬찬히 들여다보면 미국이나 유럽의 열몇 곳을 빼고는 살기 좋다 할 만한 곳이 별로 없다는 것이 유감스러운 인류의 현재임에도 불구하고. 많은 한국인들이 힘들어하며 미래를 불안해하고, 아이를 낳아 키우는 걸 두려워하고, 사회에 절망한다. 물론 그럴 만한 이유는 충분하다. 양극화, 빈부격차, 불평등, 취업난, 저성장. 그런데 지구 전체가 겪고 있는 이런 보편적 질환만으로도 힘든데 우리 사회 특유의 체질이 증세를 점점 악화시켜 우리를 더 고통스럽게 만들고 있다.

나는 감히 우리 스스로를 더 불행하게 만드는 굴레가 전근대적인 집단주의 문화이고, 우리에게 부족한 것은 근대적 의미의 합리적 개인주의라고 생각한다. 그렇다. 중고등학교 때 지루하게 배우던 로크, 밀, 몽테스키외, 루소 등의 이름과 함께 나오는, 지금의 서구식 민주주의의 근간을 이룬다는 그 개인주의 말이다. 무슨 시대착오적인 소리냐, 19세기 얘기를 21세기에 하고 있냐는 반문이 나올 것이다. 글로벌한 신자유주의 체제가 만악의 근원이라며 앞에 '포스트' 내지 '후기'가 붙은 길고 복잡한 대안을 얘기하는 이들을 볼 때마다 떠오르는 의문은 이거다. 도대체 우리 사회가 신자유주의 이전에 구자유주의라도 제대로 해본 적이 있는 사회일까? 자본주의 후의 대안을 모색하기 전에 제대로 된 자본주의라도 해본 적이 있나? 근대적 의미의 개인을 존중해본 경험 없이 탈근대 운운하는 것은 시대착오 아닐까?

내가 프롤로그에서 무려 '인간 혐오'라는 말까지 써가면서 고백한 것들은 결국 우리 사회가 개인을 존중하지 않기 때문에 생기는 불편함과 억압이다. 이에 관한 선명한 기억이 있다. 중학교 때였다. 담임선생님이 반장인 내게 몽둥이를 주며 자습시간에 떠드는 아이들을 그걸로 때리라고 하셨다. 자신의 편의를 위해 교사의 체벌권을 위임한 것이다. 난감했다. 한참 예민하고 반항적인 사춘기 소년끼리 완장 하나 채운다고 누가 누구를 체벌하는 것이 가능하단 말인가. 이건 내게 맞아야 하는 친구들뿐 아니라, 그들을 때려야 하는 나의 의사와 감정을 무시하는 짓이었다. 그건 좀 곤란하지 않겠느냐고 말씀드렸더니 '우리 반'이 하나로 똘똘 뭉쳐서 좋은 성적을 올리려면 규율과 복종이 필요하다는 답이 돌아왔다. 나는 결국 급우들을 때리지 못했고 담임으로부터 무능한 놈이라는 질타를 받아야 했다. 이런 꼴 당하기 싫어서 이후론 반장 같은 건 절대 맡지 않았다. 그랬더니 다음해에는 누구 한 명만 잘못하면 반 전체가 책상 위에 무릎 꿇고 앉아서 몽둥이로 허벅지를 맞아야 했다. 선생님들의 취향(?)은 참 다양하시더라.

어른이 되어서 비로소 깨달았다. 가정이든 학교든 직장이든 우리 사회는 기본적으로 군대를 모델로 조직되어 있다는 것을. 상명하복, 집단 우선이 강조되는 분위기 속에서 개인의 의사, 감정,

취향은 너무나 쉽게 무시되곤 했다. '개인주의'라는 말은 집단의 화합과 전진을 저해하는 배신자의 가슴에 다는 주홍글씨였다. 나는 우리 사회 내에서가 아니라 법학 서적 속에서 비로소 그 말의 참된 의미를 배웠다. 그 불온한 단어인 '개인주의'야말로 르네상스 이후 현대에 이르기까지 인류 문명의 발전을 이끈 엔진이었다. 하지만 우리 사회의 경우 이 단어의 의미를 조금씩 배우기 시작한 것은 민주화 이후 겨우 한 세대, 아직도 걸음마 단계인 것이다. 왜 개인주의인가. 이 복잡하고 급변하는 다층적 갈등구조의 현대 사회에서는 특정 집단이 당신을 영원히 보호해주지 않는다. 다양한 이해관계에 따라 합리적으로 판단하여 전략적으로 연대하고, 타협해야 한다. 그 주체는 바로 당신, 개인이다. 개인이 먼저 주체로 서야 타인과의 경계를 인식하여 이를 존중할 수 있고, 책임질 한계가 명확해지며, 집단 논리에 휘둘리지 않고 자기에게 최선인 전략을 사고할 수 있다.

우리가 서구에서 수입한 민주주의는 바로 이런 개인들을 전제로 성립되어 있다. 우리 사회 존립의 근거인 가장 근본적인 사회계약, 즉 우리 헌법 질서의 근간이 그렇다. 이건 모두 유치원 때부터 배워온 지루할 정도로 상식적인 이야기인 동시에 슬플 만큼 이 사회에 내면화되어 있지 못한 이야기다. 뭔가 오랜 역사를 가진 명품을 수입하기는 했는데, 장식용에 그치고 있다. 다들 뻔히 아는 것인데도, 누구도 새삼 이야기하려 하지 않는다. 우리 사회가 극심한 이념 대립으로 갈등을 겪고 있다고들 하지만, 알고 보면 극소수를 제외하면 대부분의 사람들이 최소한 머리로는 반대하지 않는 공통분모는 이미 있는 것이다.

서구에서 발전시킨 자유민주주의 법질서를 공부하고, 평생 이를 적용하는 일을 하는 법관에게 개인주의라는 말은 전혀 어색한 말이 아니다. 판사가 스스로 개인주의자라고 뻔뻔스럽게(?) 선언하다니 말세라고 할 이들이 있을 것이다. 여기서 말하는 개인주의란 유아적인 이기주의나 사회를 거부하는 고립주의가 아니다. 개인주의는 근대 계몽주의, 합리주의와 함께 발전하며 서구사회의 근간을 형성했다. 합리적 개인주의자는 인간은 필연적으로 사회를 이루어 살 수밖에 없고, 그것이 개인의 행복 추구에 필수적임을 이해한다. 그렇기에 사회에는 공정한 규칙이 필요하고, 자신의 자유가 일정 부분 제약될 수 있음을 수긍하고, 더 나아가 다른 입장의 사람들과 타협할 줄 알며, 개인의 힘만으로는 바꿀 수 없는 문제를 해결하기 위해 타인들과 연대한다. 개인주의, 합리주의, 사회의식이 균형을 이룬 사회가 바로 합리적 개인주의자들의 사회다.

물론, '합리적 개인'이라는 근대적 인간상 자체가 현대 심리학이 밝혀낸 인간의 실제 모습과는 거리가 멀다. 그러나 진화론, 뇌과학, 심리학이 밝혀낸 인간의 비합리성에 대한 불편한 진실을 냉철하게 직시하며, 그런 비합리성까지 고려해 인간과 사회를 복합적으로 이해하고자 하는 '합리적 태도'는 오히려 더욱더 필요하다. 현대의 합리적 개인은 자신의 비합리성까지도 자각할 수 있어야 하는 것이다. 이런 합리적 태도가 뒷받침되지 않은 개인주의는 각자도생의 이기주의로 전락하여 결국 자기 자신의 이익마저 저해할 뿐이다. 자기 이익을 지속적으로 지키기 위해서라도 양보하고 타협해야 함을 깨닫는 것이 합리성이다. 이와 동전의 양면처럼, 양보하고 타협하지 않는 개인의 이익이 지속가능하지 못하도록 '반대 인센티브(불이익)'를 적절히 제공하는 것이 사회의 합리성이기도 하다.

새삼 이런 이야기를 꺼내는 이유는, 사회 곳곳에서 일하는 다양한 한 명 한 명의 개인들이 완벽하지는 못하지만 끊임없이 자신의 언어로 함께 사는 사회에 대하여 이야기하고 토론하며 의견을 교환하는 것이 민주주의의 근간이라고 믿기 때문이다.

어차피 정답을 가진 이는 아무도 없다. 우리 사회는 아직도 어사 박문수나 판관 포청천처럼 누군가 강력한 직권 발동으로 사회정의를 실현하고 악인을 엄벌하는 것을 바란다. 정의롭고 인간적이고 혜안 있는 영웅적 정치인이 홀연히 백마 타고 나타나서 악인들을 때려잡고 행복한 사회를 만들어주길 바란다.

아무리 기다려도 그런 일은 없을 거다. 링에 올라야 할 선수는 바로 당신, 개인이다.

우리가 더 불행한 이유

"수요일에 태어난 아이는 불행하다는 속설에 대해 어떻게 생각하세요?"라는 질문에 염세주의 철학자는 "수요일에 태어났다고 예외일 수는 없지요"라고 답했다고 한다. 유감스럽게도 불평등, 빈곤, 폭력 등 인간 사회를 불행하게 하는 보편적인 문제들에 관한 한 정도의 차이가 있을 뿐 아직 지구촌 어느 사회도 예외일 수는 없을 거다. 그런 보편적인 문제 말고, 유독 우리를 '더' 불행하게 만드는 것은 앞서 얘기한 집단주의 문화, 그리고 그것에서 비롯한 수직적 가치관이라고 생각한다.

수직적 가치관이란 사회 구성원들이 추구하는 가치가 획일화되어 있고, 한 줄로 서열화되어 있다는 뜻이다. 학벌, 직장, 직위, 사는 동네, 차종, 애들 성적…… 삶의 거의 모든 국면에서 남들 눈에 띄는 외관적 지표로 일렬 줄 세우기를 하는 수직적 가치관이 지배하는 사회에서 완전히 행복할 수 있는 사람은 논리상 한 명도 있을 수 없다. 그 모든 경쟁에서 모두 전국 일등을 하기 전까지는 히딩크 감독 말처럼 늘 '아직 배가 고플' 테니 말이다. 모두가 상대적 박탈감과 초조함, 낙오에 대한 공포 속에 사는 사회다.

직업상 그런 타인들의 적나라한 속내를 지겹도록 반복해서 봐왔다. '남부럽지 않게 살고 싶어서' '번듯하게 살고 싶어서' 묻지마 투자에서부터 납치강도까지 불나방처럼 자멸적인 짓을 저지르는 사람들, 평생 일등을 유지하려고 죽을 만큼 노력하다가 직장에서 단 한 번 맞은 작은 좌절에 그만 목숨을 끊은 사람, 수백억 자산가의 자녀들이고 각자 평생 먹고살 만한 재산을 물려받았는데도 다른 형제가 더 많은 재산을 받은 것 같고 더 잘사는 것을 견딜 수 없어 십 년째 수십 건의 송사를 벌이고 있는 사람들, 사랑하는 자식에게 '남들 하는 만큼' 혼수도 해주고 결혼식도 근사하게 해줘야 한다는 압박 때문에 무리하다가 결국 자식을 파경에 이르게 만드는 사람들…… 극단적인 표현이지만 솔직한 심정으로 어떤 때는 우리 사회가 집단적 정신병을 앓고 있는 것처럼 보일 때가 있다.

위안이 될지는 모르겠지만 그 경쟁의 피라미드에서 비교적 상층부에 있는 사람들 역시 그런 압박에서 자유롭지 못하다는 것이 내 관찰이다. 남의 얘기 할 것 없이 판사들만 봐도 그렇다. 과거 판사들에게 가장 큰 공포는 고등법원 부장판사로 승진할 수 있을지에 대한 두려움이었다(최근 이러한 일률적인 승진 시스템은 없어졌다). 승진을 목전에 둔 지방법원 부장판사들은 중년의 나이에 건강을 해쳐가면서 월화수목금금금 매일 야근에 특근을 하며 강박적으로 사건 처리 경쟁에 매달리곤 했다. 병을 얻기도 하고, 우울증이 온 사람도 있다. 승진에서 누락되면 사표를 내는 것이 통례였다. 그런데 가만히 생각해보면 승진하지 못했다 하여 사표를 내라는 법은 어디에도 없다. 법관의 정년은 길고 신분은 보장되어 있다. 일반인들은 대체로 판사면 다 판사인 줄 알 뿐 고등법원 부장판사가 뭐고 지방법원 부장판사가 뭔지 잘 알지도 못하고 관심도 없다. 고등법원 부장판사가 된다고 하여 월급을 더 주는 것도 아니다. 법관의 보수는 호봉제이고 같은 근무 기간이면 다를 것이 없다.

차이는 단 하나, 고등법원 부장판사는 '차관급 예우'를 받는다는 것인데, 그 '예우'의 실체란 결국 기사 딸린 그랜저 관용차가 출퇴근 때 모시러 온다는 것이 전부다. 이러한 인사제도를 바꾸는데 있어 가장 큰 걸림돌도 바로 이 기사 딸린 차를 유지할 수 있느냐 없느냐였다고 봐도 과언이 아니다. 한국사회는 이런 사회다. 실제 하는 일, 봉급도 중요하지만 '남들 보기에 번듯한지' '어떤 급인지'가 실체적인 중요성을 가진 사회인 거다. 나이 오십대 중년들의 사회에서 기사가 운전하는 차를 타고 모임에 나타나는 것은 메시지가 다른 것이다. 고위직 판사들이 기사 딸린 차로 나타나다가 어느 날부터 낡은 자가용을 자가운전하여 나타나기 시작하면 청렴한 집단이라고 좋은 평가를 받는 플러스 요인보다 사회적 위상이 예전보다 못한 집단으로 평가받는 마이너스 요인이 더 클 수도 있다는 것이 우리 사회의 불편한 진실이다. 외관이 실질을 좌우하는 사회다.

자본주의사회인데 단순히 돈, 실리에 대한 추구를 넘어 지위재 집착이 심한 사회다. 수직선상 어느 위치에 있느냐, 아니 어느 위치에 있는 것처럼 보이느냐에 목을 매는 사회이기 때문이다. 한 사업가가 해준 얘기가 있다. 사업가들이 어느 정도 사업에 성공하고 나면 너도 나도 중소기업중앙회장 한번 해보려고 온갖 노력을 한단다. 그런데 그 자리를 하려고 하는 핵심은 '부총리급 예우'이고, 공항에서 줄 서서 기다릴 필요 없이 별도 트랙으로 앉아 있으면 알아서 누군가 대신 수속을 밟아준다는 것이다. 실리적인 상인 기질을 초월하는 '예우' 선호다.

요즘 대학생들 사이에서 유행하고 있는 '과잠(대학교 학과 야구 점퍼)' 문화도 정밀해진 대학별 과별 서열의 수직선 내에 자신이 어디쯤 위치에 있다는 것을 과시하는 풍조다. 어릴 때부터 입시경쟁에 익숙해진 이들에게 있어 자신의 전리품을 과시하는 것은 정당한 행위인 것이다. 우연히 비슷한 시기에 같은 학교를 다니고 있다는 큰 의미 없는 인연에 엄청난 의미를 부여해 한 학번이라도 위라는 이유로 후배들에게 극존칭과 예우를 요구하며 군기를 잡는 시대착오적인 군대 문화가 대학사회에 만연하는 이유도 기성사회의 집단주의 문화를 흉내내고 서열주의를 내면화한 행태라고 볼 수 있다. 개인이 아니라 소속 학교, 학과, 학번 등의 집단에 필요 이상의 의미를 부여하고 그에 따른 위계질서에 개인이 복종할 것을 강요하는 문화가 젊은 세대에서까지 재생산되고 있다는 건 절망적인 일이다.

'갑질'의 심리 역시 수직적 가치관의 사회에서 쥐꼬리만한 권력이라도 있으면 그걸 이용해 상대에 대한 자신의 우위를 확인하려는 수컷 동물 사이의 우세경쟁 같은 것이라 볼 수 있다. "내가 누군지 알아?"가 이렇게 자주 튀어나오는 사회가 있을까. 이런 사회에서 받는 스트레스는 타인에 대한 관용 부족으로 이어져 약자 혐오와 위악적인 공격성을 낳는다. 약자는 자기보다 더 약자를 찾아내기 위해 필사적이다.

남들 눈에 비치는 내 모습에 집착하는 문화, 집단 내에서의 평가에 개인의 자존감이 좌우되는 문화 아래서 성형 중독, 사교육 중독, 학력 위조, 분수에 안 맞는 호화 결혼식 등의 강박적 인정투쟁이 벌어진다. 사실 이건 모두 같은 현상이다.

'남부럽지 않게' 살고 싶다는 집착 때문에 인생을 낭비하는 이들을 접할 때마다 드는 생각이 있다. 그냥 남을 안 부러워하면 안 되나. 남들로부터 자유로워지면 안 되는 건가. 배가 몇 겹씩 접혀도 남들 신경 안 쓴 채 비키니 입고 제멋으로 즐기는 문화와 충분히 날씬한데도 아주 조금의 군살이라도 남들에게 지적당할까봐 밥을 굶고 지방흡입을 하는 문화 사이에 어느 쪽이 더 개인의 행복에 유리할까.

우리가 더 불행한 이유는 결국 우리 스스로 자승자박하고 있기 때문 아닐까.

마왕 혹은 개인주의자의 죽음

신해철의 갑작스런 죽음을 보며 나 자신을 돌아보았다. 그는 나보다 한 살 많다. 같은 시대를 살아온 것이다. 겉으로 보기에 그와 나는 판이하게 달라 보이지만 속으로는 공유하는 것이 많다고 생각한다. 나뿐만 아니라 많은 이들이 그렇게 생각한 것 같다. 그래서 많은 이들이 그의 죽음에 충격을 받았고, 슬퍼했다. 이 글은 그에 대한 내 나름의 조사이지만, 이건 결국 내가 그와 공유한다고 내 맘대로 생각하는 것들을 선언한 것인지도 모르겠다.

그는 참으로 여러 모습을 가진 사람이었다. 누군가는 그를 원조 아이돌 가수로, 누군가는 그를 경계를 넘나드는 로커로 기억할 것이다. 누군가는 그를 소신 있는 소셜테이너로, 또 누군가는 그를 돌출행동을 일삼는 '중2병' 환자로 기억할 것이다. 나는 그를 한 명의 개인주의자, 자유주의자로 기억한다.

그가 가장 많이, 반복해서 한 말은 의외로 소박한 것이었다. 훌륭한 사람이 되기보다 행복한 사람이 되고 싶다는 말이다. 마지막 방송 출연에서도 같은 취지의 이야기를 남겼다. 그리고 1991년 그가 자기 음악세계를 최초로 명확히 한 앨범《마이셀프Myself》수록곡〈나에게 쓰는 편지〉에서도 결국 같은 얘기를 하고 있었다. "돈, 큰 집, 빠른 차, 여자, 명성, 사회적 지위. 그런 것들에 과연 우리의 행복이 있을까"라고 물으며 "나만 혼자 뒤떨어져 다른 곳으로 가는 걸까"라는 불안함도 솔직히 드러냈었다. 그리고 신보《리부트 마이셀프Reboot Myself》는 그의 유작이 되었다. 23년간 그는 모두가 한곳을 바라보는 사회에서 남과 다른 개인으로서의 자기 자신, 그리고 남들이 부러워하는 성공보다 자신이 만족하는 행복에 천착했다. 훌륭한 사람보다 행복한 사람이 되고 싶다는 생각은 실은 나도 소년 시절 내내 절실하게 하던 생각이다. 어른들은 '소년이여 야망을 가져라' '수신제가치국평천하'를 말하곤 하지만 행복한 사람이 된다는 게 얼마나 큰 야망인데. 그걸 절실하게 소망해보지 않은 사람은 쉽게 얘기하지만 말이다.

사실 그의 청춘기에 '국민' '민족' '민중'은 넘쳐났지만 '개인'은 희귀했다. 그가 말하는 개인은 "민족중흥의 역사적 사명을 띠고 이 땅에 태어"나지도, 역사의 필연인 혁명을 이뤄낼 계급의 일원으로 태어나지도, 신의 뜻을 땅 위에 실현하기 위해 창조되지도 않았다. 이런 의미에서 그가 말하는 개인은 '근대적 인간'이다. 그의 말을 빌리면 "유전자 전달이라는 목적은 태어남 자체로 이루었으니 인생은 보너스 게임, 산책하러 나온 거다". 이런 개인주의는 누군가에게는 '종북 좌빨'보다 더 불온한 것일 게다. 이 사회를 지배해온 것은 그 무엇보다 집단주의이기 때문이다. 심지어 그의 청년기에, 독재에 대항한다는 학생운동 세력 역시 '의장님을 목숨으로 보위하자'는 수준의 전체주의적 문화에서 자유롭지 못했다. 그 투사들이 기성세대가 되어 후배들에게 직장에의 헌신을 강요하는 꼰대로 변신한 것은 어쩌면 자연스러운 일이다.

학교, 직업, 외모, 사는 동네, 차종 등 모든 것이 서열화되어 있는 수직적이고 획일적인 문화, 입신양명이 최고의 효도이고 '남부럽지 않게 사는 것'이 인생의 성공이라 여기는 가치관, 남들보다 뒤처지는 것, 남들과 다르게 비치는 것, 튀는 것에 대한 공포. 이 집단주의 문화로 인한 만성적인 긴장과 피로는 경제성장에도 불구하고 우리에게 행복을 안겨주지 않았다. 심리학자 서은국 교수에 따르면 심리학계의 실증적 연구 결과, 문화에 따른 국가별 행복도는 극심한 대조를 이룬다. 북유럽, 서유럽, 북미의 행복도가 높은 데 비하여 한국, 일본, 싱가포르의 행복도는 이상할 정도로 낮게 나타나는데, 그 원인을 개인주의적 문화와 집단주의적 문화의 차이로 분석한다. 신해철은 공교롭게도 이 두 문화권을 비교하는 예능 프로 〈비정상회담〉에 출연해 행복에 관해 이야기했고, 이것이 그의 마지막 방송이 되었다.

타인과의 비교에 대한 집착이 무한경쟁을 낳는다. 잘나가는 집단의 일원이 되어야 비로소 안도하지만, 그다음부터는 탈락의 공포에 시달린다. 결국 자존감 결핍으로 인한 집단 의존증은 집단의 뒤에 숨은 무책임한 이기주의와 쉽게 결합한다. 한 개인으로는 위축되어 있으면서도 익명의 가면을 쓰면 뻔뻔스러워지고 무리를 지으면 잔혹해진다. 고도성장기의 신화가 끝난 저성장시대, 강자와 약자의 격차는 넘을 수 없게 크고, 약자는 위는 넘볼 수 없으니 어떻게든 무리를 지어 더 약한 자와 구분하려든다. 가진 것은 이 나라 국적뿐인 이들이 이주민들을 멸시하고, 성기 하나가 마지막 자존심인 남성들이 여성을 증오한다.

반면 합리적 개인주의는 공동체에 대한 배려, 사회적 연대와 공존한다. 자신의 자유를 존중받으려면 타인의 자유도 존중해야 하기 때문이다. 톨레랑스, 즉 차이에 대한 용인, 소수자 보호, 다양성의 존중은 보다 많은 개인들이 주눅들지 않고 행복할 수 있게 하는 힘이다. 동성동본 금혼으로 고통받는 연인들을 노래하고(〈힘겨워하는 연인들을 위하여〉), 간통죄 폐지, 학생 체벌 금지를 주장한 그의 행보는 개인의 행복을 중시하는 합리적 개인주의자로서의 면모다. 그가 무슨 대단한 사상가라고 이야기하는 것은 아니다. 그는 개인주의가 뒤늦게 태동하던 민주화 이후 시대에 누구나 생각은 하면서도 튈까봐 하지 않는 이야기를 본능적으로 거침없이 내뱉는 솔직한 사람이었을 뿐이다. 첨단을 걷는 IT강국이자 정치제도적인 민주화를 성공적으로 이룬 사회라지만, 정신적으로는 아직 근대적 자유주의조차 제대로 체화하지 못한 문화 지체를 겪는 곳에서 그 같은 사람은 끊임없이 시대와 불화를 낳는다.

그와 이 시대를 함께 살아온 이들은 그의 분노와 좌절을 이해하면서도 이미 기성사회의 일원이 된 입장에서 이를 고집스레 거부한 채 늙어가는 그를 불편해하며 외면했는지도 모른다. 한때의 마왕은 별종으로 희화화되어 소비되고 있었다. 그에 대한 애도 뒤에는 죄책감이 묻어 있다. 하지만 때늦은 후회나 호들갑스러운 상찬은 심술궂던 그가 반길 조사는 아닐 것이다.

'No hell below us, above us only sky.' 그가 믿었을지 알 수 없는 천국에서의 명복을 빌기보다 "당신의 아들이어도 좋고, 엄마 오빠 강아지 그 무엇으로도 다시 인연을 이어가고 싶지만, 만일 내가 택할 수 있는 게 주어지고 우리가 윤회를 통해 다음생에 인연을 이어가게 된다면 나는 다시 한번 당신의 남자친구가 되고 싶고, 다시 한번 당신의 남편이 되고 싶다"는 아내를 향한 그의 절절한 유언이 이루어지기를 기원할 따름이다.

인정투쟁의 소용돌이, SNS

남들에게 인정받고자 치열한 인정투쟁을 벌이는 와중에 자신을 잃어가는 아수라장을 쉽게 관찰할 수 있는 곳이 SNS 공간이라고 하면 지나친 말일까. 페이스북을 하면서 느낀 건 이 공간 역시 오프라인 세상이 빠져 있는 강박증에서 자유로울 수 없다는 것이었다.

페이스북은 참 묘한 매체다. 독백체로 글을 써도 사실 그 글은 자신에게 하는 이야기가 아니라 페친들에게 건네는 말이다. 방자와 향단이를 통해 대화를 주고받는 이몽룡과 춘향이 같다. '어쩐지 우울한 날이다'라고 쓰면 저커버그 씨가 열심히 이집 저집 다니며 "○○님이 외롭다셔요. 놀아주세요" 또는 "○○님이 섬세한 감정도 있는 사람이라는 걸 알아달라셔요"라며 말을 전한다. 똑똑똑. 똑똑똑. 방문을 두들기며. 돈 버는 게 쉬운 일이 아니다.

바쁜 전갈들이 오가며 점점 상승작용이 일어난다. 전하는 목소리들은 실제보다 더 비장하기도 하고, 더 화사하기도 하다. 아,

내 삶은 너무 완벽해요. 행복해죽겠어요. 저 너무 예쁘지 않아요? 아무것도 모르는 것들이 깝죽거리는구나(나는 이렇게 아는 게 많은데 알아주지 않고). 세상은 썩어 문드러졌고 분노하지 않는 자들은 쳐죽일 비겁자들이다. 나는 이렇게 세상에 대해 고뇌하는 지식인이다 등등.

인정투쟁의 소용돌이. 결국 독백은 외침이 된다. 형식과 실질의 괴리 때문에 더 그로테스크하기도 하다. 읽는 이들의 반응을 의식하면 할수록 실제 자신으로부터 더 많이 이탈해 온라인상의 페르소나가 되어간다. 나중에는 그게 진짜 자신인 것처럼 혼동하기조차 한다. 일베 회원들의 이른바 폭식투쟁이 충격적이었던 것은 익명성 뒤에 숨어 유희하던 페르소나들이 뭔가 착각하고는 현실 세계로 튀어나왔기 때문이다. 유감스럽게도 현실은 우디 앨런의 영화 〈카이로의 붉은 장미〉에서 스크린 밖으로 걸어나온 영화 캐릭터와는 달랐다. 그저 평범하고 비루한 실체를 확인했을 뿐이다. 재미조차 없었다.

그런 모습들을 보며 나 자신도 돌아보았다. 그럼 나는 왜 페이스북에 글을 쓰는 걸까. 좋은 사람, 훌륭한 사람으로 보이고 싶어서? 오 노! 그런 족쇄를 감수할 만큼 나의 인정욕구는 치열하지 못하다. 나는 본질적으로 개인주의자에 쾌락주의자이고 대중의 잔인성에 대한 공포를 가지고 있다. 세상을 바꾸고 싶어서? 생각을 공유하는 연쇄의 힘은 믿지만 그렇다고 글 몇 줄로 세상이 손

쉽게 바뀔 거라고 믿을 만큼 순진한 나이도 지났다. 내 책 많이 팔고 싶어서? 이게 그나마 현실적인 생각이었는데 사양산업인 출판 현실을 곧 깨닫고는 기대를 접었다. 글 써서 돈을 번다는 건 망상일 거다. 애들 학원비라도 보태면 다행이다.

결국 재미있어서 쓰는 것 같다. 아마 나와 같은 이유로 트위터나 페이스북에 글을 쓰기 시작한 이들이 많을 것 같다. 특히 내 경우에는 나 자신의 생각을 관찰하는 데서 큰 재미를 느낀다. MRI 같은 거다. 외부에서 주어진 자극(소재)에 대해 내 뇌가 어떻게 반응하는지는 글을 써봐야 생생하게 알 수 있다. 돌아서면 잊어버리기 때문에 적어둔 글을 나중에 읽는 재미가 있다. 다른 이들의 반응이 더해지면 더 재미있다. '유체이탈' 증세가 선천적으로 극심한 편이라 어느새 다른 이들과 같은 쪽에 서서 내 글을 관찰하기도 한다. 이건 재밌고 이건 지루하군.

글이란 묘해서 어떤 목적이 앞서거나 읽는 이에게 어떻게 보이고 싶은 욕구가 앞서는 듯 보이는 글은 감흥을 주기 어렵다. 진짜가 아니기 때문이다. 내 MRI에 '뽀샵'을 하고 싶은 욕구가 앞설 때쯤이 글쓰기를 집어치워야 할 시기일 듯하다.

자기계발의 함정

——— 보기 드물 정도로 강렬한 영화를 봤다. 〈위플래시〉다. 재즈 드러머로서 최고의 경지에 오르고 싶은 젊은 음악도와 정신적 폭력까지 동원하며 그를 극한까지 밀어붙이는 광기어린 음악학교 교수의 이야기다. 교수는 비밥재즈의 창시자 찰리 파커가 전설이 될 수 있었던 것은 드러머 조 존스가 형편없는 연주를 한 그를 향해 심벌즈를 던졌기 때문이라고 믿는 사람이다. 치욕을 만회하고자 연습에 연습을 거듭해야 비로소 최고의 연주자가 될 수 있다는 신념. 그렇기에 그는 제자들을 향해 욕설을 퍼붓고, 빰을 때리고, 의자를 던진다. 그리고 말한다. "세상에서 가장 쓸데없는 말이 '그만하면 잘했어'야."

이 영화는 재능을 가진 학생과 선의를 감춘 채 일부러 못되게 제자를 자극하여 목표를 성취하도록 이끄는 훌륭한 선생의 이야기로 이해될 수 있지만, 내가 보기에는 그보다 몇 걸음 더 나간 이야기다. 그렇게만 보기 어려울 정도의 사디즘이 엿보이기 때문이다. 과연 교수 행동의 진짜 동기가 무엇인지 질문하게 만든다. 오히려 예술의 가장 높은 경지에 도달하기 위해서는 평범한 인간들의 윤리 도덕 사랑 따위는 거추장스러운 굴레일 뿐이라는 예술지상주의, 탐미주의의 냄새가 느껴진다. 그 경지에 도달하는 자는 인류의 0.0001퍼센트에 불과하고, 나머지는 다 밥 먹고 똥만 싸는 돼지들이다. 평범함은 죄악이고 그들은 벌레 취급을 당해도 싸다(이 영화의 세계관이 이렇다는 건 아니다. 극중 교수 캐릭터를 더 극단으로 끌고 가면 이렇다는 거다). 질풍노도의 사춘기 시절에 매료되기 쉬운 세계관이다.

실제 사회에서는 예술이든 무엇이든 무엇 하나가 지고지선의 가치고 나머지를 희생시킬 자격이 있는 건 아니다. 사춘기를 사로잡는 선명한 매혹과는 달리 실제 세계는 지루할지 몰라도 균형과 타협, 다양성으로 이루어져 있다. 여러 가치 중에서 가장 순수하고 절대적으로 보이는 예술적 가치 역시 수용자에 따라 상대적일 때가 많다. 이 영화에서 절대적인 최고의 경지로 제시되는 전설적 재즈 드러머 버디 리치의 경이적인 드럼 솔로 유튜브 동영상에 달린 첫 댓글은 "린킨 파크 드러머가 이 영감보다 훨 낫구만 뭐"였다. 하긴 영화 주인공 학생이 방 벽에 붙여놓은 포스터에 '실력이 없으면 결국 록밴드에서나 연주하게 될 거야'라고 쓰여 있어서 영화를 보면서 쓴웃음을 지었다. 록에 빠져 살던 소년 시절의 나는 레드 제플린의 존 보넘, 크림과 블라인드 페이스의 진저 베이커, 딥 퍼플의 이언 페이스 등의 드럼 솔로를 들으며 이들이 인간의 경지를 넘어선 존재라고 생각하곤 했다.

음악 고등학교 재즈 오케스트라 드러머였던 젊은 감독 데이미언 셔젤은 지휘자에 대해 두려움을 느끼던 자기 실화를 바탕으로 이 영화를 만들었다고 한다. 실화에 바탕했다고는 하지만 영화는 비현실적인 지점까지 밀어붙여서 현실감이 없어지기도 한다. 감독도 언급했듯이 스탠리 큐브릭 감독의 〈풀 메탈 재킷〉 초반부의 악마 같은 교관이 극한까지 신병을 몰아붙이는 장면들을 연상시킨다. 이런 극적인 과장은 의도된 것이니 영화적으로 즐기고 말아야지 '이런 교수법이 허용가능한 것인가? 학생의 재능을 끝까지 끌어내기 위해서는 이럴 필요도 있는 것인가?' 같은 지극히 현실적인 생각으로 곧장 연결시키면 곤란하다고 본다. 당연히 허용 안 되지!

그렇게 몰아붙인다고 다 경지에 오르는 것도 아니며, 그렇게 몰아붙이지 않아도 경지에 오르는 이도 많다. 천재, 광기, 극한의 노력, 악마와의 거래 등은 매력적인 서사의 소재일 뿐이다. 악마와의 거래를 언급하고 보니 이 영화에서 광기 어린 연기를 보여주는 교수 역의 J.K.시먼스가 선량하고 내성적이던 주인공을 음악적 성공에 미쳐 모든 걸 내던지도록 몰아붙이는 과정은 메피스토펠레스와 파우스트의 거래를 연상시키기도 한다. 성취, 성공에의 열망은 마약처럼 중독성이 있어서 사람을 파멸로 몰고 간다.

그런 점에서 이 영화를 '나는 저만큼 충분히 노력하고 있는 걸까? 미치지 않고는 미치지 못한다는데……'라는 식의 자기계발 강박증으로 소비하는 것은 위험하고 유해한 감상법이라고 본다.

이 영화에 대한 감상글을 몇 가지 검색해보니 젊은 관객들이 이런 식으로 영화를 받아들이는 경우가 꽤 있다는 걸 알게 됐다. 물론 노력은 소중하고 필요한 것이지만 맹목적인 노력만이 가치의 척도는 아니다. 무엇을 위해 노력하는지 성찰이 먼저 필요하고, 노력이 정당하게 보상받지 못하는 구조에 대한 분노도 필요하다. 가장 위험하고도 어리석은 건 '노력해야 성공한다'를 넘어서 '성공한 이들은 다 처절하게 노력했기에 그 자리에 오른 것이다' '그만큼 노력하여 성공한 이들이니까 괴팍하고 못되게 굴 만하다' '강한 것은 아름답다' 등으로 끊임없이 가지를 치는 스톡홀름증후군이다. 스티브 잡스가 매혹적이라 하여 그의 괴팍함과 못된 점조차 찬양할 필요는 없다. 훌륭한 점과 비판받아야 할 점은 냉정하게 분리해 평가해야 한다. 그리고 대체로 성공에는 재능과 노력이 필요한 건 사실이지만, 유감스럽게도 현실사회에는 그저 우연히 부모 잘 만나서 과분한 기회를 누리며 사는 이들도 많다.

미국 재벌 존 듀폰이 올림픽 금메달리스트인 레슬러의 후원자이자 코치를 자청, 사실상 사육하려들며 벌어지는 실화를 다룬 영화 〈폭스캐처〉가 이를 잘 보여준다. 몇 대에 걸친 재벌인 존 듀폰은 가장 원초적인 인간 육체의 힘과 스피드로 승부하는 레슬러들에게 매혹되지만, 정작 본인은 부와 명예의 치렁치렁한 갑옷을 벗고 나면 열등한 육체, 매력 없는 외모, 떨어지는 지성과 불균형한 감성의 매력 없는 인물일 뿐이다. 다들 그의 지위 때문에 그를 추어올려주지만 그 모든 건 외부로부터 상속받은 것일 뿐, 실제 그는 어머니로부터도 한 번도 인정받지 못하는 한숨 나오는 못난 자식이다. 자기 자신의 능력만으로 성취한 건 아무것도 없다. 이 숨은 열등감과 비뚤어진 오만함이 병든 인간을 만들고, 병든 인간에게 주어진 과도한 권력은 비극을 낳는다. '성공한 이들은 다 그럴 만한 자격이 있다'는 착각에 빠진 대중은 벌거벗은 임금님 앞에 무릎을 꿇고 모욕을 기쁘게 받아들이는 노예로 전락할 것이다. 조지 오웰의 『1984』에서 인구의 2퍼센트에 불과한 지배계급인 영사(영국 사회주의) 내부 당원들이 13퍼센트의 실무자 중간계급을 동원하여 85퍼센트의 노동자 계급을 사육하는 동물처럼 지성적인 사고의 싹을 잘라내며 온갖 선전선동과 공포의 조작으로 통치하듯 말이다.

영화 하나 보고 너무 멀리 갔는지 모르겠으나, 자기계발 신화에 중독된 사회이기에 이런 생각이 기우만은 아닐 것 같다.

광장에 내걸린 밀실

개인과 사회의 관계에 대해, 그리고 우리 사회가 개인의 존엄성에 대해 얼마나 무신경한지에 대해 생각해보게 된 일이 있다.

나이 지긋한 교수, 사업가, 교장 선생님 등과 함께한 자리에서 간통죄 위헌 결정이 화제에 올랐다. 성도덕이 땅에 떨어질 거다, 법조인들이 전통 윤리를 무시하는 거냐, 가정이 파괴될 것이다, 간통죄가 폐지된 날 나이트클럽에서 유부녀들이 축배를 들었다더라. 묵묵히 듣던 나는 십여 년 전에 담당했던 두 사건을 떠올렸다.

사십대 후반의 대학교수 부인이 죄수복을 입고 법정에 섰다. 간통 혐의다. 중매결혼 후 평생 바깥세상을 모른 채 두 아이를 키우며 관상용 화초처럼 살아온 사람이었다. 법정에서도 자신을 방어할 의지도 능력도 없이 핏기 하나 없는 얼굴로 식물처럼 서 있었다. 상대방은 자녀 교육상담을 빌미로 그녀에게 접근한 학원강사였다. 증거물로 강사의 집에서 압수된 비디오테이프가 제출되었다. 강사는 방에 소형 카메라를 설치한 채 정사 장면을 촬영했다. 영상 속의 그녀는 촬영 사실을 모르는 것 같았다. 부끄러움과 죄책감, 두려움이 교차하는 영상 속 그녀의 표정을 보자 나는 문득 보아서는 안 될 것을 보고 있는 듯한 불편함을 느꼈다. 경찰, 검사, 변호인. 그동안 도대체 몇 명이나 이 표정을 지켜본 것일까.

또 한 사건은 영장실질심사 사건이었다. 육십대 노신사가 간통 현행범으로 붙잡혀왔다. 상대방은 오십대 후반의 여성. 우연한 재회 후 만남을 이어온 고향 마을 첫사랑이었다. 증거로 제출된 사진 한 장이 모든 상황을 설명하고 있었다. 심부름센터를 동원하여 남편의 뒤를 밟던 부인은 경찰관을 대동하고 여관방을 덮쳤다. 갑작스레 방문이 열리고 낯선 사람들의 구둣발이 쏟아져 들어온다. 놀란 노신사는 발가벗은 채 이부자리에서 일어난다. 카메라 플래시가 터지는 가운데 노신사는 상황을 깨닫고 모든 것을 체념한 듯 방 한가운데 고개를 숙이고 묵묵히 서 있다. 자수성가하여 지역사회에서 봉사와 자선 활동을 끊임없이 해온 한 개인은 거기 없었다. 그저 플래시와 구둣발 사이에 무력하게 놓여 있는 고깃덩어리 한 덩이만 있었다. 주름진 얼굴, 튀어나온 배, 축 늘어진 치부.

인간의 내면에는 강제로 공개되어서는 안 될 최소한의 밀실이 있다. 국가형벌권의 대상이 된 자에게는 그 밀실이 허용되지 않는다. 광장에 내걸릴 뿐이다. 그래서 법은 최소한의 도덕이다. 모든 것을 형벌로 다스리는 곳에 법은 있으되 개인은 없다.

상념에 빠진 내게 이야기 도중 제일 비분강개하던 어른이 나지막이 물었다. 그런데, 이제 바람피우다 걸리면 대신 위자료가 대폭 올라가는 거유? 재산 분할도 많이 해줘야 하나?

행복도 과학이다

행복에 대해 무관심한 사람은 없을 거다. 중병에 걸린 사람이 치료법을 찾듯 모두들 간절하게 행복을 바라기에 시중에 넘쳐나는 온갖 행복론 책을 찾고 멘토들의 말에 귀를 기울인다. 그런데 궁금한 것은 중병에 걸리면 최고의 대학병원을 찾아 최신 의술에 의지하면서도 왜 행복에 대해서는 최고의 과학자들이 연구한 최신 연구 결과를 먼저 찾지 않는지다. 재판은 주관적인 주장이 아니라 객관적이고 실증적인 증거, 그리고 해당 분야 학계에서 검증된 전문가의 전문적 감정 소견을 토대로 결론을 내린다. 이걸 증거재판주의라고 한다. 증거나 과학적 연구 결과가 늘 백 퍼센트 옳은 것은 아니더라도 막연한 주관적 주장들보다는 옳을 확률이 훨씬 높다. 나는 중병에 걸린다면 비록 현대 의학을 백 퍼센트 신뢰하지는 않더라도 최소한 인자하게 생긴 유명 스님의 염불이나 신통한 목사님 안수기도, 지리산 깊은 산골 신비의 약초에 의지하기보다 현재 접근가능한 최고 수준의 현대 의학의 도움을 받겠다. 그게 나을 확률이 높으니까. 신이 아닌 인간은 확률적 선택을 할 수밖에 없다.

최신 진화심리학의 관점에서 행복을 쉽게 설명한 전문가의 책이 있다. 서은국 교수의 『행복의 기원』이다. 그는 미국에서 오래 연구한 심리학자로, 인간이 느끼는 행복에 관하여 세계에서 가장 활발하게 인용되는 연구자의 한 사람이다.

서교수에 따르면, 행복감이란 결국 뇌에서 느끼는 쾌감이다. 뇌가 특정한 종류의 경험들에 대해 기쁨, 즐거움, 설렘 등의 쾌감을 느끼도록 진화한 것이다. 그런데 실증적 연구 결과, 인간이 행복감을 가장 많이, 자주 느끼는 원천은 바로 인간이었다. 가족, 연인, 친구, 동료…… 인간은 인간과의 관계 속에서 가장 많은 쾌감을 느끼는, 뼛속까지 사회적인 동물이었던 것이다. 돈은 어느 정도의 문화적 생활이 가능한 수준을 넘어서면 행복감에 영향을 미치지 못했다. 가장 행복감을 느끼는 그룹의 사람들은 천성적으로 사회성이 높은 외향적인 성격이었다. 이유는 간단하다. 다른 모든 생명체처럼 인간에게도 생존과 번식이라는 유전자의 명령이 핵심 과제다. 오랜 진화 과정에서 인간에게 생존과 번식에 가장 필수적인 자원은 동료 인간들이었다. 그러니 생존과 번식에 유리한 활동, 즉 동료 및 이성과 어울리는 활동을 할 때 뇌에서 쾌감이라는 보상을 주어 이를 촉진시키는 쪽으로 진화한 것이다. 물론 수십만 년 이상의 자연선택 과정을 통해 다양한 돌연변이 개체 중

이런 보상체계가 발달한 쪽이 우세하게 생존하고 번식에 성공하는 것의 반복으로 말이다.

서교수가 이야기하는 또 한 가지 중요한 행복의 메커니즘은 '행복은 기쁨의 강도가 아니라 빈도'라는 것이다. 이건 '이 또한 지나가리라'는 옛말의 지혜와 같은 이야기다. 아무리 대단한 성취나 환희도 시간이 지나면 익숙해지고 무덤덤해지고 만다는 것이다. 그건 심오한 인생철학의 문제이기 이전에 생물체의 기본 메커니즘인 적응adaptation 때문이다. 한 번 맛있는 먹이를 먹었다고 영원히 동굴에 누워 그 즐거움만 만끽하다가는 굶어죽는다. 다시 사냥을 나가도록 등을 떠밀려면 지나간 쾌감은 잊고 새로운 쾌감을 좇도록 해야 하는 것이다. 백억 원의 복권 당첨자 집단에 대한 추적연구 결과 불과 일 년 뒤에 이들의 행복감은 주변 이웃 수준으로 복귀했다. 이런 메커니즘 때문에 행복 전략에 있어 큰 것 한 방보다 다양하고 자잘한 즐거움이 끊이지 않고 이어지는 것이 압도적으로 유리하다는 것이 심리학의 연구성과다.

하긴 이런 이론을 실제로 삶에 적용시킨 사람의 기사를 읽은 적도 있다. 미국의 한 기업 CEO 댄 프라이스는 직원들의 최저연봉을 7만 불로 올리기 위해 자기 연봉을 90퍼센트 자진삭감해서 화제가 되었다. 단순한 자선 행위가 아니다. 그는 연봉 상승에 따라 대체적으로 행복도도 상승하지만 문화적 생활이 가능한 수준인 7만 5000불이 넘어서면 행복에 영향이 없고 오히려 물질주의 성향 증가로 행복도가 떨어질 수도 있다는 통계를 본 후, 행복도 최적화 전략을 스스로 실험하기에 이른 것이다. 그 과정에서 연봉은 자진삭감했지만 직원들뿐 아니라 이 소식을 접한 숱한 사람들의 지지와 인정을 받게 되어 행복 대차대조표상으로는 이득일 것이 분명하다.

과학이 알려준 행복은 결국 가족, 연인, 친구, 동료 등 다양한 인간관계 속에서 느끼는 만족감이 핵심이다. 물론 우리 사회의 수직적 가치관과 경쟁 역시 출세, 권력, 돈, 학벌, 지위재의 과시를 통해 타인들로부터 인정받고자 하는 본성의 발현일 것이다. 문제는 본말이 전도되어 매개체인 돈, 지위 등 자체에 집착하게 된다는 점이다. 돈을 벌든 높은 자리에 오르든 박사가 되든 그걸 같이 기뻐해주고 인정해주는 사람들의 무리에 속해 있을 때 뇌의 행복중추에 불이 번쩍번쩍 들어오는 것이지 모두가 슬슬 피하고 흉을 보는데 혼자 방에 돈다발 쌓아놓거나 임명장 걸어놓고 쳐다본다고 행복감이 넘쳐날 리 없다. 아, 물론 과학은 통계이자 경향성일 뿐이고 진화의 세계에는 항상 돌연변이가 존재하므로 무인도에서 혼자 돈다발만 만져도 흥분돼 미치겠는 예외적 종자들도 있을 수는 있겠지만 말이다. 일반적으로는 평생 돈, 지위, 성취만 좇다가 중년이 되어 가족도 부하직원들도 자기를 슬슬 피하기만 하고 편하게 불러낼 친구도 없어 우울증에 시달리는 사례를 훨씬 자주 본다.

사회 구성원 모두가 획일화된 목표를 놓고 피 튀기는 경쟁을 하는 건 필연적으로 행복의 승자독식을 낳을 뿐이다. 어차피 경쟁할 수밖에 없다면 전장을 무수히 쪼개어 승자를 많이 만들어내는 것이 낫다. 예전 국민학교 졸업식에서는 전교 일등만 몇 번씩 단상에 올라가 온갖 상을 독식했지만, 요즘 초등학교 졸업식에서는 책읽기상, 친구돕기상, 달리기상, 오만 이름의 상장을 모두에게 인심 좋게 나눠준다. 어느 쪽이 더 다수가 행복한 졸업식일까. 어차피 전교 일등 하는 아이는 상장 몇 개 덜 받아도 이후 인생에서 좋은 일이 있을 기회가 많으니 혼자 상장을 독점 못한다고 억울해할 일은 아니다. 학교가 관심 가져야 할 것은 여러 아이들이 골고루 상장 받을 거리를 만들어주는 일이다.

가성비 좋은 행복 전략이라는 관점으로 생각하면 직업이 인생의 전부인 것처럼 집착할 필요도 없다. 우선 자기 힘으로 생존하는 것이 생명체의 기본 사명이므로 냉정하게 현실적으로 자기가 선택가능한 직업 중 최선을 선택하여 생계를 유지하되, 직업은 직업일 뿐 자신의 전부를 규정하는 것은 아니므로 취미 활동, 봉사, 사회 참여 등 다양한 행복 활동을 병행할 수 있는 것이다. 춤추는 것을 좋아한다고 반드시 백댄서가 되어 평생 춤만 춰야 하는 것이 아니다. 일하면서 동호회 활동으로 주말에 홍대 앞에 나가 춤을 춰도 행복할 수 있는 것이다. 자기 재능과 열망의 크기에 따라 합리적으로 선택하면 그뿐이다. 이런 식으로 위험을 분산하면 행복할 기회가 늘어나고 소소한 행복의 플랜B, 플랜C를 계속 만들어갈 수 있다. '행복은 기쁨의 강도가 아니라 빈도'라는 과학에 따라.

결국 우리가 더 불행한 이유인 수직적 가치관을 버리고 수평적 가치관이 지배하는 사회를 지향해야 한다는 얘기다. 그런 점에서 다양성의 존중, 아니 그걸 넘어서 다양성을 숭상하는 것이 사회 다수 구성원의 행복을 위한 첩경이다. 처음에는 위선이어도 좋고, 듣기 좋은 사탕발림이어도 좋다. 성숙한 가치상대주의가 내면화될 때까지 의식적으로 다름을 존중하고 다양한 가치의 미덕을 찾아내는 노력이 필요하다. 표현의 자유를 신성시하는 미국에서 강박적일 만큼 성, 인종, 종교적 차별 언사를 사회적으로 제재하는 '정치적 공정성political correctness'을 위한 노력을 해왔듯이. 그런 점에서 재벌 2세 신데렐라 놀음만 반복하는 대중예술 창작자들, 외모 차별 언사를 거리낌 없이 내뱉는 자들이야말로 사회통합을 해치는 국가보안법 위반사범이 아닐까. 부자가 아니더라도 다양한 직업, 다양한 개성의 사람들이 나름의 매력을 발산하며 행복을 추구하는 모습을 멋지게 그려내는 예술가들이야말로 실제로 사회를 바꾸는 혁명가들이다.

이것은 모두 과학적으로도 검증가능한 이야기다. 유엔 발표 「2015 세계 행복보고서」에 따르면 행복지수가 높은 국가 1위에서 5위는 스위스, 아이슬란드, 덴마크, 노르웨이, 캐나다다. 대만은 38위, 일본 46위, 대한민국 47위다. 역시 서은국 교수에 따르면 심리학계의 연구 결과 행복감을 예측하는 가장 중요한 문화적 특성은 개인주의고, 북미나 유럽 국가들의 행복감이 높은 이유는 높은 소득보다 개인주의적 문화 때문으로 본다. 세계에서 가장 행복한 국가들이 모여 있는 스칸디나비아 행복의 원동력은 넘치는 자유, 타인에 대한 신뢰, 그리고 다양한 재능과 관심에 대한 존중이라는 것이다. 빈부격차가 심하고 인종 문제가 심각하며 선진국 중 강력범죄율이 가장 높은 미국도 15위로 늘 행복지수 상위권이다. 집단주의로 인한 압력에 짓눌리지 않고 각자 제 잘난 맛에 사는, 서로 그걸 존중해주는 개인주의 문화의 강력함이다. 집단주의 문화권으로 분류되는 동아시아 경제 우등생들과 극명하게 대비된다.

인간 행복의 원천이 다른 사람들과의 관계인데 집단주의 문화가 왜 사람들을 불행하게 하는지에 대해 서교수는 이렇게 답한다. 원래 행복의 원천이어야 할 인간관계가 집단주의사회에서는 그 관계의 속성 때문에 오히려 불행의 원천으로 작용한다는 것이다. 공감되는 얘기다. 맛있는 음식도 내가 원치 않을 때 강제로 먹으면 배탈이 나듯, 타인과의 관계가 나의 선호에 따라 자유롭게 선택되는 것이 아니라 내 의사와 관계없이 강요되고, 의무와 복종의 위계로 짜이는데 이것이 행복의 원천이 될 리 없다. 갑을관계, 경쟁관계, 상명하복관계, 나를 평가하고 지배하는 관계, 내가 일방적으로 순종하고 모셔야 하는 관계에 있는 인간들이 과연 나에게 유용한 생존의 도구이기는 할까? 생존의 위협에 가깝지 않을까?

행복에 관한 과학의 연구 결과 중 가장 씁쓸한 진실은, 개인의 행복에 영향을 미치는 가장 큰 요소는 유전적인 외향성, 사회성이라는 점이다. 타고나길 남들과 어울리기 좋아하는 사람 중독증 환자들이야말로 행복해지기 쉬운 우월한 유전자를 타고난 것이다. 그러나 문명은 과학이 밝혀낸 자연의 불편한 진실을 그대로 수용하는 데 그치는 것이 아니라 그로 인한 문제를 극복하려 노력하는 것이다. 내성적이고 사회성이 떨어지는 이들도 행복할 수 있는 사회를 고민해야 한다. 내성적인 이들도 외향적인 이들과 마찬가지로 사람과의 관계에서 행복을 느끼지만 적절한 거리가 유지되어야 행복을 느끼는 체질인 것이다. 미각이 지나치게 예민해 강한 맛의 음식에는 고통을 느끼는 것처럼. 이런 차이를 인정해주지 않고 무조건 집단이 요구하는 술 잘 먹고 윗분 잘 모시고 분위기 잘 띄우는 씩씩한 전사로 거듭날 것을 강요하는, 그래야 어른 되었다고 취급하는 문화 속에서 예민하고 내향적인 사람들은 고통받을 수밖에 없다. 개인의 다양성을 존중하고 서로 함부로 간섭하지 않고 배려하는 성숙한 개인주의 문화의 사회라면 이들도 충분히 행복할 수 있다. 집단의 강요 없이, 자기가 스스로 선택한 취향이 맞는 작은 인간관계들의 고리 속에서 말이다.

만국의 개인주의자들이여, 싫은 건 싫다고 말하라. 그대들이 잃을 것은 무난한 사람이라는 평판이지만, 얻을 것은 자유와 행복이다. 똥개들이 짖어대도 기차는 간다.

개인주의자의 소소한 행복

직업적으로 그다지 도움이 될 것은 없고 오해받을 소지는 많은 글쓰기를 하고 있는 것은 내 나름대로 행복을 추구하는 방법이다. 남들은 어떻든 나는 높은 자리에 올라가거나 변호사 사무실 개업하여 재벌 회장들 변호하며 큰돈 버는 일에 별 관심이 없다. 대단한 철학이 있어서가 아니라 체질이 소시민적이다. 야심도 없고 남들에게 별 관심이 없고, 주변에서 큰 기대를 받는 건 부담스럽고, 싫은 일은 하고 싶지 않고 호감 가지 않는 사람들과 엮이고 싶지 않다. 내 일을 간섭 없이 내 방식으로 창의적으로 해내는 것에 기쁨을 느끼고, 내가 매력을 느끼는 소수의 사람들과 친밀하게 지내는 걸 좋아하고, 심지어 가끔은 가족으로부터도 자유로운 나만의 시간을 갖길 원한다. 정말이지 공부라도 잘했으니 망정이지 한국사회에서 먹고살기 힘들 뻔했다.

문화예술을 좋아하는 지인들과의 소모임, 젊은 판사들과의 독서 모임, 수준은 극히 낮지만 연습하는 과정이 즐거운 법원 합창단 등의 소소한 모임이 즐겁다. 책 읽기를 좋아하다보니 조금씩 글도 쓰게 되었고 운좋게 책도 내게 되고 신문에 칼럼도 쓰게 되었다. 글쓰기를 통해 출판문화계 사람들, 작가들, 언론인들을 알게 되고 독자들이 내 글을 읽고 한마디씩 던지는 반응을 읽는 재미도 알게 되었다. 법조계와는 상관없는 새로운 사람들과의 관계가 생긴 것이다. 내가 통제가능한 범위 내에서.

이건 정말 감사한 일이다. 이 고령화사회에서 새로운 행복의 원천이 생긴 거다. 그런데 부장판사가 '글쓰기'를 단지 그냥 즐거워서 한다는 이야기를 도저히 이해하지 못하는 사람들이 있더라. 그런 분들은 목소리를 낮추며 내게 이렇게 물어본다. "그런데, 이름 알려서 나중에 정치를 하려는 생각인 거지?" 그럴 때면 참 여러 가지 의문이 든다. 우선 글쓰기와 '정치'라는 것이 어떤 논리적 연결고리가 있는지는 잘 모르겠지만, 가장 근본적인 의문은 왜 어떤 사람들은 이 세상 모든 직업이나 성취의 피라미드 꼭대기에 그 이름도 위대하신 '정치인'이라는 최종 포식자가 있다고 생각하는 걸까 하는 점이다. 물론, 민주공화국의 시민으로서 정치의 중요성은 모두가 명심해야 한다. 정치에 무관심하다는 건 자랑이 아니라 권리 위에 잠자는 어리석은 자임을 자백하는 소리다. 그렇다고 모두가 정치인이 될 필요는 없다. 시민으로서 투표하고, 여론형성에 참여할 의무를 다하면 족하다. 그런데 목소리를 낮추며 물어보는 이들의 맥락에서 정치란 그런 시민적 의무가 아니라 개인적 출세의 다른 말일 뿐이다. 권력에 부와 명예, 쾌락이 당연히 따르는 걸 지켜봐온 현대사의 학습 효과이기도 하다. 이러한 수직적 가치관의 정점에는 대통령이 있을 것인데, 한국인 유엔 사무총장의 등장으로 출세 순위 매기기에 잠시 혼란을 느낀 이들도 있으리라.

철없게 들려도 할 수 없지만, 내 개인적인 성향으로는 이 세상에서 가장 부러운 사람은 일본 소설가 무라카미 하루키다. 그것도 지금처럼 거장이 되어 사회적 메시지가 담긴 말씀을 한마디씩 해줄 것을 요구받는 노벨상 만년 후보 하루키가 아니라, 일본사회에 매이지 않은 채 로마에 일 년, 크레타 섬에 일 년, 세계를 뿌리 없는 부평초처럼 자유롭게 떠돌며 현실과 환상을 넘나드는 소설과 소소하고 유치한 수필을 끝도 없이 써대던 예전의 하루키다. 뭐, 그 와중에 돈도 잘 벌었으니 더욱 부러울 뿐이고…… 그렇다고 내가 이제 와서 이런저런 잡문을 써댄다고 하여 하루키 같은 작가가 될 가능성이 있을 리는 만무하지만 상관없다. 팔리든 말든 내 나름대로 글을 쓰고 책을 읽고 하는 소소한 일상 자체가 내게 즐거움을 준다. 판사 수직선 중 몇 등인지, 작가 수직선 중 몇 등인지를 세며 한 칸 더 위로 올라가려 아등바등하지 않아도 말이다.

이런 소리를 하면 이 사회에 끔찍한 불의와 비극이 가득한데 기득권자로서 자기 행복만 추구한다며 부끄럽지 않느냐는 질타를 하는 이들이 있을지 모르겠다. 늘 그런 부채의식이 마음 한구석에 자리하고 있는 것이 사실이기는 하지만, 그런 질타에 머리를 숙이고 싶지도 않다. 세상을 아군과 적군, 정의와 불의로 이분법적으로 사고하는 이들은 천사도 악마도 아닌 인간의 현실적인 모습을 이해하지 못하고 자신의 일방적인 기대심리를 투영하여 과잉 열광하거나 조금이라도 자기 기대와 다른 모습을 보면 배신자 취급을 하며 돌을 던질 것이기 때문이다. 평생 하루하루를 분노, 절망, 투쟁, 당위만으로 채우는 것을 신성하게 생각하는 이들은 불행하다. 그리고 그들이 이끌고 가는 곳에 행복한 유토피아가 있을 리 없다. 나는 소박하게 그리고 다양하게 일상 속의 작은 행복을 채워가는, 그러면서도 마음이 가는 일에는 주저 없이 자기 힘닿는 범위에서 참여하는 이들이 이끄는 곳으로 가고 싶다. 인류 역사에는 언제나 비극이 가득했지만, 그 어떤 불행한 시대에서도 인간이 행복하고자 하는 것은 죄가 아니었기 때문이다.

태어난 것도 내 의사가 아니었으니 사라진 후에 대단한 흔적을 남기고 싶지도 않다. 가장 두려운 것은 지나치게 빠른 평균수명 연장이다. 생물학적 수명과 사회학적 수명이 불일치하는 대책 없는 고령화시대를 맞아 미래의 언젠가 무기력하게 방구석에서 종일 사극 재방송만 반복해서 보며 식구들에게 잔소리만 하게 되기 전에, 기력 있을 때 주변 정리하고 마지막 날까지 지구의 오지들을 걷는 여행을 떠나 길에서 죽고 싶다는 생각을 해왔다. 계곡으로 떠나는 코끼리처럼. 이 얘기를 비장하게 했더니 마눌님이 가려면 혼자 가라고 그러시더라.

상상의 날개를 더 펴보자. 최후의 오지 여행을 하며 유서처럼 페이스북에 일기를 쓰는데 이게 또 어떻게 사람들의 눈길을 끌어 중계방송 보듯 찾아보는 이들이 늘어나고, 기사화되더니 팬덤 형성. 응원의 메시지에, 따라 걷는 순례자들이 속출하며 일이 커진다. 어느새 그런 관심에 중독되어 신경 안 쓴 척 실제로는 엄청 신경쓴 사진과 감동적인 한마디를 페이스북에 올리며 세상의 반응을 즐기기에 이른 노인이 삶에 대한 의욕이 과다 충전된 나머지 '고독의 끝에서 생의 의지를 발견하다' 어쩌고 하는, 사람들이 좋아할 만한 소리를 하며 도시로 복귀. 그동안 적은 글을 모아 책으로 출간하여 돈도 벌고 멘토 행세하다가 선생님 선생님 하며 따르는 미모 여대생과 눈이 맞아 이태리 멋쟁이 노인 흉내를 내며 스키니진 입고 스카프 두르고 데이트 다니다가 민족정론 디스패치에 대서특필. '늙으면 죽어야지' '지랄도 풍년'이라는 어제의 팬들의 댓글 러시 속에 이혼당하고 무일푼으로 전락. 그러고는 독거노인이 되어 〈대장금〉 재방송을 무한 반복 시청하며 수명만 대책 없이 연장해놓은 과학자와 의사들을 저주……

죄송. 너무 시니컬해져버렸다. 상상하다보니 결국 세속적 욕망으로부터도, 세상의 쳇바퀴로부터도 빠져나오는 것은 불가능한 것 아닌가 싶다. 어차피 세상으로부터 자유로울 수는 없는 것이라면, 개인의 행복이 골방 속에서 누리는 자유에 그치지 않게 사회와 함께하는 행복도 놓치지 말아야겠다. 나의 경우에는 감사하게도 직업이 그 통로가 되어준다.

이런 일이 있었다. 연속으로 몇 년간 대법원, 고등법원 등에서 규모가 크고 복잡한 업무만 담당하다가 인사이동으로 옮긴 법원에서 오랜만에 비교적 적은 금액의 서민형 분쟁을 다루는 민사재판 업무를 맡게 되었다. 상대적으로 업무 부담이 줄었는데 이상하게도 의욕이 없었다. 몇 년간 쌓인 피로로 지쳐 있기도 했지만, 건방지게도 맡은 일이 단순하고 작은 일로 느껴졌기 때문이기도 했다. 그런 어느 날, 2년 넘게 끌고 있는 사건 재판을 진행했다. 변호사 없이 '나 홀로' 소송중인 아주머니의 하소연은 길고 길었다. 어느 정도 지나자 재판에 필요한 부분도 아닌 이야기가 대부분이었다. 솔직히 짜증도 나고 지치기도 했지만, 뒤에 순서를 기다리는 다른 사건이 있는 것도 아니고 이야기를 자르면 불만을 제기할 것 같기도 해서 그냥 들었다. 그것뿐이다. 그런데, 이야기를 마친 아주머니가 갑자기 내게 절을 꾸벅 하는 것이 아닌가. 놀라서 쳐다보니, 아주머니가 말씀하시길 그동안 이 사건과 관련하여 경찰, 검찰, 법원을 여러 번 들락거렸는데 자기 이야기를 끝까지 들어준 것은 내가 처음이라는 것이다. 가슴속 한 맺힌 얘기를 판사가 다 들어주니 이제 결과가 어떻게 되든 여한이 없다며 고맙다고 하셨다. 부끄러웠다. 난 그저 가만히 앉아서 이야기를 들었을 뿐이다. 그건 원래 내가 해야 할 일이다. 그런 과분한 감사를 받을 자격이 있을 리 없다. 게다가 난 감히 그때 맡고 있던 일을 전에

하던 일보다 작고 단순한 일로 여기고 있었다. 누군가에게는 이리 절실하고 한 맺힌 일인데 말이다. 죽비로 얻어맞은 듯 정신이 번쩍 나는 경험이었다.

책, 글쓰기, 여행, 인간관계. 모두 내게 중요한 행복의 원천이다. 하지만 내가 맡은 일에 최선을 다하면 누군가에게 작은 도움이라도 줄 수 있다는 것 역시 이에 못지않은 과분한 행운이다. 감사할 따름이다.

나는 사기의 공범이었을까

———————— 국민학교 5학년 때의 일이다. 변웅전씨가 진행하던 〈묘기대행진〉에 속독법이란 것을 배운 여자아이가 출연해 두꺼운 책을 몇 분 만에 독파하는 것을 보고 감명받으신 우리 아버지, 나와 여동생을 봉천동에서 머나먼 광화문까지 150번 버스 타고 다니며 속독법학원에 다니게 명하셨다.

그 〈묘기대행진〉으로 유명세를 탄 학원 원장은 늘 웃는 얼굴의 인상 좋은 아저씨. 달변이다. 일본 나카무라 상인지 누구인지 정체불명 박사가 개발했다는 속독법은 잘못된 독서 습관에서 비롯된 낭비적 요소를 훈련을 통해 없애고 가장 효율적인 동선에 따라 눈동자를 움직이며 속으로 따라 읽지도 말고 시각적으로 정보를 바로바로 받아들이면 획기적으로 독서 속도를 높일 수 있다는 기술이었다. 학원에서 하는 것도 동그라미가 줄을 지어 배치된 교재를 눈이 빠지게 쳐다보면서 이경규처럼 눈알을 좌우로 띵요띵요 돌려서 모든 줄을 최대한 빨리 훑어보는 가속 훈련이었다.

스톱워치로 일 분에 몇 글자나 읽는지(정확히 말하면 눈에 바르는지) 측정한다.

난 눈동자가 획획 잘 움직이지 않아서 느린 편이었다. 어떤 중학생 누나는 신기에 가깝게 눈동자를 잘 굴려서 신기록을 경신하곤 했다! 분당 5000자, 7000자…… 이거 한참 하면 눈물을 휴지로 닦아내야 한다. 모르는 사람이 보면 참 가관이다. 진지한 표정으로 남녀노소가 앉아서 '요이 땅!' 하면 눈알을 좌우로 굴려댄다. 데굴데굴. 누가누가 빠른가.

눈동자를 굴려서 모든 글자를 눈에 '발라대는' 단계에서 미운 오리였던 나는 다음 단계에서 갑자기 백조로 변신한다. 다음 고급 단계는 선에서 면으로 입력 단위를 넓힌다. 한 페이지를 대각선으로 죽 훑어내리면서 모든 글자를 보려 하지 말고 핵심 단어 위주로 정보를 받아들이라는 거다. 이 단계가 되면 책장을 빨리 넘기는 스킬이 핵심 과제가 된다. 다들 나름의 필살기를 개발하기 시작한다. 침을 얼마만큼 묻혀서 어느 각도로 넘겨야 빠른가. 눈알 돌리다가 눈물 닦던 교실이 이번에는 촤르르륵 경쟁적으로 책장 넘기는 소리로 시끄러웠다.

너도 나도 조금이라도 일 분당 본 글자수를 늘리려고 경쟁하는 학원 분위기에 짜증나기 시작한 나는 그냥 아무렇게나 미친듯이 책장을 넘기기 시작했다. 분당 1만 자, 2만 자, 3만 자, 10만 자, 20만 자, 30만 자, 펑! 대폭발. 〈묘기대행진〉 출연 학생의 경지를 넘어섰다. 300쪽짜리 책을 3분도 안 걸려서 독파한다.

사실 당시 나 스스로도 내가 책을 넘기기만 하는 것인지 속독법에 따라 빨리 읽는 것인지 헷갈리고 있었다. 대각선으로 휙휙 훑어봐도 사실 생각보다 많은 정보가 캐치된다. 원래 대강의 스토리를 알던 경우에는 훨씬 더.

나는 원장에게 물었다. 저, 솔직히 몇몇 단어와 조각조각 내용들만 들어오고 세세한 부분은 보지 못하는데 괜찮은 거예요? 원장은 사람 좋은 미소를 지으며, 원래 그렇게 하는 거다, 넌 참 잘하고 있다고 칭찬해주었다.

속도 측정 후에는 각자 읽은 내용을 모두에게 설명해야 한다. 문제는 어릴 때부터 집에 틀어박혀 애들 책이고 어른 책이고 미친듯이 읽어대던 책벌레이자 활자중독 환자(읽을거리 없이 화장실에 앉으면 불안해져서 벽에 붙은 찢어진 신문지까지 읽었다)였던 나는 그 학원에 있는 거의 모든 책을 이미 다 읽은 상태였다는 점이다. 게다가 구라와 뻥 실력은 타고난 것, 속독을 했든 안 했든 다 잘 설명할 수 있었다. 사람들은 갈수록 이런 나에 대해 경악했고 난 어차피 싫지만 다니래서 다니는 학원이었던데다 점점 이게 다 미친 짓이라는 확신이 강해지고 있었기에 그런 반응들이 통쾌하기까지 했다. 책 좀 빨리 읽어서 무슨 입신양명들을 하시려는지 중고생, 대학생, 직장인까지 열심히 눈알 데굴데굴, 책장 휘리리릭에 목을 매고 있었기 때문이다. 눈알 빨리 잘 굴리던 초반기 우등생 누나조차 나를 따라잡아보려고 바둥거리다가 결국은 포기하고 경외의 눈초리로 쳐다보게 되었다.

그렇게 여름방학 동안의 속독법 수업은 끝이 났다. 문제는 그 다음해 여름방학. 원장으로부터 우리집으로 섭외가 들어왔다. 속독법 바람이 전 같지 않아 수강생이 적은 모양인지 나더러 학원에 와서 시범을 보여달라는 것이었다. 만 원인가 2만 원인가 여하튼 당시로는 쏠쏠한 수고비도 제안했다. 아버지는 아들이 잘한다는 것이 흐뭇해서 거 원장님 좀 도와드리지 그러냐, 하시는 것이었다. 난 싫었다. 그런 허접한 '생쑈'를 또 하고 싶지 않았다. 하지만 엄한 아버지 밑에서 크는 공부 잘하고 말 잘 듣는 (것처럼 연기하는) 장남은 결국 네, 하고 따르게 된다.

가 보니 아닌 게 아니라 원장님은 사람 좋은 미소가 줄어들고 조금 초조하고 지친 모습이었다. 수강생도 줄었음은 물론이고. 모인 사람들은 수강생뿐 아니라 긴가민가해서 들른 사람들도 있었다. 말하자면 불신자들이다. 내가 다녔을 적 수강생들처럼 속독법의 위력을 확신하고 눈 굴리라면 굴리는 열성신자들이 아니었다. 보지 않으면 믿지 않는 자들. 원장이 그들을 위해 준비한 기적이 바로 나였다.

원장이 집어주는 책을 미친듯한 속도로 넘겨댄 후 줄거리를 줄줄 읊어대는 나를 보며 불신자들의 입에서는 탄식이 새어나오기 시작했다. 동화나 어린이 명작을 넘어 중고생용, 성인용 고전까지 휙휙 읽어젖히자 탄식은 열광으로 바뀌었다.

실은 이미 내 독서 범위가 상당히 넓었던 것이다. 노총각 삼촌들이 전집으로 구매해놓고 거들떠보지도 않던 한국전후문학전집, 한국근현대소설선, 세계문학전집, 일본역사소설『대지』『대망』에『삼국지』『열국지』『수호지』심지어 가정요리전집(일본책의 해적판이었다)까지 세로줄로 빽빽한 책들을 탐닉하듯 읽어대던 중이었다.

충분히 불신자들의 열광을 이끌어낸 후 무표정하게 일어서려는 순간, 원장이 나를 잡았다. 평소와 달리 그의 눈동자에 뭔가 망설임이 일렁이더니, 나에게 끝으로 한 권만 더 읽어보라는 것이었다. 평소 나에게 내밀던 각종 고전 명작류와 다른 책이었다.

성애를 다룬 중국 고전소설『금병매』였다. 그렇다. 원장은 어느 순간, 정말로 내가 속독법으로 몇 분 만에 두꺼운 책을 읽어내는지 궁금해졌던 것이다. 내 독서 범위를 대충 눈치 채고 있던 원장은 나름 내가 읽었을 법한, 하지만 일반인들은 어린이가 읽었으리라 미처 생각 못할 정도의 명작을 절묘하게 내밀곤 했었다. 푸시킨의『대위의 딸』같은 거.

속독법 이론을 전수받아 가르치기는 하지만 본인은 눈이 느리고 해서 직접 잘하지는 못한다고 늘 겸손한 모습을 보였던 그는 내게만 몰래 이렇게 이야기한 적이 있었다.

"그때〈묘기대행진〉나갔을 때, 내가 그래도 온 국민이 보는 방송인데 실수할까봐 불안해서, 걔한테 평소 미리 보았던 책으로 시범을 보이자고 했거든? 근데 걔가 방긋 웃으며 괜찮다는 거야. 그러더니 학원에서 본 적 없는 명작을 술술 읽어내더라고."

그렇다. 그 역시 자기가 가르치는 속독법에 관한 확신이 없었던 것이다. 그러던 그가 많은 불신자들 앞에서 내게 『금병매』를 내민 심리는 무엇이었을까? 앨런 포의 단편 「고발하는 심장」에서처럼 자신의 완전범죄를 자기 스스로 고발하고 마는 심리? 절벽 끝에 서서 밑을 보다가 안 되는데, 안 되는데 하면서도 미친듯이 뛰어내리고 싶은 그런 불나방 같은 심리? 자기 스스로도 믿지 못하면서 가르친 것이 정말로 기적을 낳을 수도 있는 것인지 혼란에 빠진 상태?

여하튼 『금병매』는 중국 4대 기서 중 유일하게 내가 볼 수 없었던 책이었다. 어떤 정신 나간 사람이 초등학생에게 그런 책을 읽게 하겠나. 긴장되었다. 책장을 넘기기 시작하는데 낯익은 이름이 나오기 시작했다. 무송, 무대, 반금련, 서문경. 빙고! 『수호지』는 당시 나의 애서 중 하나였고, 『금병매』는 『수호지』의 무대, 반금련 스토리의 장편인 셈이었던 것이다. 기본적인 정보가 주어진 상태에서, 오랜 독서 습관으로 실제로 책을 상당히 빨리 보는 편인데다 이야기 지어내기를 잘하던 나는 책장을 휙휙 넘기면서 눈에 들어온 여러 정보들을 조합해 그럴듯하게 설명을 하기 시작했다. 어린아이답게 "그런데 옥문, 양물이 뭐예요?"라는 귀여운(?)

질문까지 곁들여서.

애한테 그런 책을 쥐여주었다고 눈살 찌푸리는 사람은 아무도 없었고, 다들 경악을 넘어 환희의 송가를 부르고 있었다. 종교를 풍자한 소설의 주인공 엘머 갠트리가 주재하는 부흥회 같은 분위기 속에서 나는 힐끗 원장을 쳐다보았다. 이 아저씨, 정말로 감동했던지 눈가가 촉촉해져 있었다.

잔치가 끝나고 지폐를 받아든 나는 터벅터벅 집으로 돌아가면서 많은 생각을 했다. 참 옛날 일인데도 너무나 선명하게 그때 떠올랐던 생각들이 남아 있다.

나는 사기의 공범일까? 왜 조금만 생각해보면 알 수 있는 바보 짓거리를 어른들이 돈 내고 와서 눈물 흘려가며 하고 있는 것일까? 이런 게 공중파를 타고 전 국민의 관심사가 되다니, 세상이란 원래 이렇게 장난 같은 것일까? 이런 짓을 어린애한테 돈 주고 시키는 어른들은 도대체 어떤 사람들일까? 그들은 이걸 정말로 믿고 있는 걸까? 아니면 믿는 척하는 걸까? 난 다 귀찮고 혼자 방에서 좋아하는 책이나 실컷 읽고 싶을 뿐인데, 왜 어른들은 내게 이거 해봐라 저거 해봐라 간섭하는 것일까.

묘한 것은, 난 탄식과 열광에 빠져 있던 불신자 집단에게는 미안하지 않았다는 거다. 그들은 뭔가 희망을 발견하고 행복해하는 것같이 보였기 때문이다. 하지만 마지막 순간 눈가가 촉촉해져 있던 원장에게는 진심으로 미안했다. 왠지는 모르겠다.

나는 아직도 가끔 세상이 다 속독법학원 같을 때가 있다.

전국 수석의 기억

――――――――　우연히 역대 수능 수석 45인을 추적한 신문 기사를 읽었다. 수석 합격자 그룹에 대한 분석은 사회적으로 크게 의미 있는 일이 아닌데도 한국사회에서는 너무 자주 이들에 대한 분석이 이루어지는 듯하다. 이들이 가장 뛰어난 인재인 것도 아니고, 이른바 엘리트 집단에 대한 분석으로 삼기에도 너무 협소하여 통계적으로 유의미하지도 않다. 그리고 사회적으로 관심 가져야 할 그룹은 어차피 자기 앞가림 알아서 잘할 그룹이 아니다.

그렇긴 한데, 어쩔 수 없이 내 자신의 기억도 떠올릴 수밖에 없다. 나도 사회적으로 크게 의미 있지는 않은 그놈의 수석 중 한 명이기 때문이다. 수능보다 훨씬 전인 학력고사 시절 이야기지만. 이런 얘기는 어떻게 써도 결국 잘난 척이고, 재수없을 수밖에 없을 테니 아예 대놓고 그렇게 써볼까 한다. 미리 용서를 구한다.

나는 전두환 총통 각하 덕에, 과외와 사교육 없이 변별력 있는 전국 단위 시험 한 방으로 승부 내는 그분 스타일의 단순 무식 명쾌한 입시제도의 혜택을 듬뿍 받은 세대의 한 사람이다. 그 은혜를 입은 나로서는 그분의 전 재산 상당액(29만 원)을 무이자로 그분에게 빌려드릴 용의가 있을 정도다.

교과서 및 자습서, 『성문종합영어』 『수학의 정석』 등 입시를 위해 봐야 할 필수 텍스트도 거의 표준화돼 있던 시절. 강북에서 혼자 알아서 공부한 나는 '그럼에도 불구하고' 학력고사를 잘 친 것이 아니라 '그래서' 잘 친 거다. 난 철저히 서민 가정 장남으로서 자력으로 먹고살기 위한 수단으로 공부를 한 것이므로 남들이 뭔 요란한 걸 공부하든 신경쓰지 않고 오로지 입시 출제경향 및 예상 난이도에 맞는 공부만 선택적으로 했다. 평준화와 과외 금지, 대학 입학정원 확대 등 당시 교육정책 기조나 수년간의 출제경향으로 볼 때, 갑자기 엄청나게 수준 높고 어려운 문제들이 나올 리가 없다고 봤다(블랙 스완이 있을 수도 있다는 점에 비춰볼 때 결국 이것도 내 천성인 '아님 말구' 스피릿인지도 모른다).

그때도 강남 8학군 학부모들은 그놈의 '막연한 공포' 때문에 무슨 일본 수학문제집을 구해 풀어본다는 둥 일본 도쿄대 입시문제를 구해 풀어본다는 둥 요란을 떤다는 소문이 무성했지만 정작 학력고사 출제자들은 일본 문제집 구해서 참고할 정도의 정성이 없었으므로 강남 엄마들의 설레발은 애들 시간만 뺏는 헛짓이었다. 수험생의 시간은 한정된 자원이다. 난 그럴 시간에 국사 교과서에 실린 자료사진 아래의 깨알 같은 글씨를 외우는 편이 낫다고 생각했다. 입장을 바꿔 교과서 중심이라는 제약하에서 변별력 있게 출제해야 하는 출제위원의 입장에서 생각해보면, 학생들이 유심히 보지 않는 교과서 구석의 시시콜콜한 곳에서 문제를 낼 수밖에 없기 때문이다.

철저하게 입시 수단으로서 필요한 공부만 하고 남는 시간은 내가 진짜 좋아하는 문학, 음악, 만화, 영화 등을 즐기며 숨돌릴 여유를 가지려 했기 때문에 체계적이고 방대한 연 단위 계획 같은 것도 없었고, 고3 내내 매월 치는 모의고사에 맞춰 한 달에 2주는 단기집중 내지 벼락치기 하는 걸 열 번 정도 반복한 셈이다. 그런데 이건 당시엔 몰랐지만 나중에 알고 보니 인간의 기억 곡선에 부합하는 공부 방법이었다. 무슨 연간 계획을 세우고 깊이 있게 방대한 텍스트를 공부해봤자 기억에 남는 건 한계가 있다. 매달 교과서 구석에 있는 절대 잘 안 외워지는 부분들, 영어 시험에서 전형적으로 틀리라고 내는 발음이나 어휘 문제 등만 골라서 공부하는 실전에 가까운 벼락치기를 반복했으니 깊이 있는 지식은 없었으나 어쨌든 입시에는 강할 수밖에 없었다.

그렇긴 해도 고3 때 치른 전국 모의고사, 배치고사에서 세 번이나 전국 일등을 했으니 지금도 좀 이해가 안 되는 면이 있다. 뭔가 그분이 오셨었나보다. 그런데 철저히 교과서 수준의 출제를 전제로 공부했기 때문에, 엄청 어려운 수준의 문제가 출제된 전국 모의고사(종로학원에서 주최한 시험이었던 듯하다)에서는 제대로 망치고 말았다. 이런 얄팍한 공부였기에 수학 선생님은 밤낮 야단치시곤 했다. "넌 전국 수석 후보라는 놈이 이 정도 문제도 못 푸냐!" 그럴밖에. 수학에 관심도 없었고 문과 수학 출제 수준이 그리 높지 않았으므로 『정석』 문제 중 최고난도 문제 같은 건 아예 풀지도 않았다.

결국 실제 학력고사는 국어 사회 과목 등에서 애매모호한 문제가 종전보다 많이 출제되어 조금 어려워졌지만 그건 어차피 다들 마찬가지 상황이었고, 난 전국 모의고사 때보다 점수는 좀 떨어졌지만 결국 진짜로 인문계 수석이 되었다. 공교롭게도 같은 고등학교 친구와 공동수석이어서 매스컴에 더 요란하게 보도됐다. 그 친구는 나와 달리 정말로 공부가 좋아서 하는 학자 타입의 정통파로 어려운 문제도 피하지 않고 깊이 있게 열심히 공부했다. 그래서 전국 모의고사에서 일등 한 적은 없지만 꾸준히 최상위권이었고, 내가 망친 엄청 어려운 수준의 모의고사 때는 나보다 한참 더 좋은 성적을 거뒀다. 아마 그런 수준으로 실제 학력고사가 출제되었더라면 그와 나는 다른 학교에 갔을지도 모르겠다. 다행히 전두환 각하 치하의 교육정책 기조는 바뀌지 않아서 그와 나는 공동수석으로 같이 서울법대에 들어갔고, 그 친구는 대학 가서도 나와 달리 열심히 꾸준히 공부하여(천재적인 머리인데 노력까지 계속한다는 건 반칙이라고 본다) 무려 고시 삼관왕에 수석 졸업, 하버드 로스쿨 박사까지 한 후 지금은 우리나라 회사법 분야의 대가로 활약하고 있다. 서울대 법학전문대학원의 송옥렬 교수다.

송교수는 사실 이공계에 가는 것이 맞지 않았나 할 정도로 수학, 과학을 좋아하고 잘했다. 나같이 썰, 구라, 뺑, 요령에 강한 전형적인 문과생과는 다른데 왜 법대에 갔는지…… 그는 법대 1학년 때 물리학과에 가서 양자역학 수업을 듣고, 경제학과에 가서 미시경제학 수업을 듣는 등 희한한 행동으로 화제가 되곤 했다. 설마하니 정말로 공부가 재미있었나보다. 반면 나는 철저히 입시 수단으로서의 공부만 마지못해 했으므로 목표 달성 즉시 상황 해제되어 수업은 등한시하고 미팅 소개팅 디스코텍 연애질, 온갖 사회과학 서적 섭렵, 여기저기 기웃거리기 및 가장 중요한 '전투적으로 빈둥거리기'에 몰두했다.

세상은 정직한 것, 송교수는 대학 3학년 때 이미 사법고시에 패스했고 이어 행정, 외무고시에 연이어 도전하고 있었는데 나는 거의 졸업할 때쯤 되어서야 또다시 먹고살려면 시험공부를 해야 한다는 걸 깨달았다. 사시 1차는 대학 입시처럼 객관식 시험이었고 기출문제와 요령이 통하는 시험이었으므로 단기 합격했으나 사시 2차는 내가 평생 겪어보지 못한 무지막지한 공부량을 요하는데다 논문식 시험이라 방대한 암기도 필요했다. 엉덩이가 무겁지 않으면 순발력으로 극복이 어렵다. 결국 1차 붙고 나서 다음해

2차 준비하다가 중도 포기했다. 이후 노량진 만홧가게를 전전하며 넋 놓은 백수생활을 했다. 심지어 잠실 체조경기장에서 서태지 콘서트가 열리자 보러 갈 돈은 없고 공연장 밖에서 몇 시간 동안 서성이며 공연장에서 흘러나오는 소리를 듣기도 했으니…… 그러다 마음잡고 공부해보겠다며 신림동 고시촌 하숙집으로 들어가보았으나 얼마 지나지 않아 『새콤달콤 오렌지 로드』 『시티 헌터』 등 주옥같은 해적판 일본 명작만화들에 빠지고, 비디오가게에서 비디오테이프와 비디오플레이어를 패키지로 빌려 틴토 브라스 감독의 충격적인 X등급 대작 〈칼리굴라〉 등을 하루종일 보기 시작했다.

정말 마지막의 마지막 순간에 이러다 정말 인생 막장 되겠다는 절박한 위기의식을 느껴서 억지로 꾸역꾸역 일 년 반 인생 최고로 열심히 공부한 덕에 겨우 사시에 합격했다. 내가 아직도 빌빌대며 고시 공부하던 시절 이미 송교수는 고시 삼관왕으로 저명인사(?)가 되어 비슷한 스펙의 몇 명과 함께 인생 수기 같은 책도 출간했다. 그런데 그 책 내용 중에 나는 알지 못했던 고등학교 때 에피소드가 있는 거다. 내가 수업시간에 교과서 안쪽에 소설책을 숨겨놓고 읽다가 선생님에게 들켜서 맞은 일이 있는데, 옆 반의 송교수가 그 얘기를 듣고는 괜한 경쟁심에 자기도 수업시간에 소설책을 숨기고 읽어보려 했다고. 그런데 생래적 모범생인 그는 심장이 너무 뛰어서 글자가 하나도 눈에 들어오지 않아 결국 포기했다나. 이 친구 알고 보면 이렇게 귀여운 구석이 있는 친구다.

내가 가까스로 사법연수원에 들어와서 (늘 그렇듯) 또 연애질과 전투적 빈둥거림에 몰두하기 시작할 때쯤 송교수는 이번에는 하버드 로스쿨로 유학을 떠났다. 난 그 모습을 보며 쟤는 정말 공부 오타쿠 내지 공부 성애자인가보다, 정말 새로운 공부를 시작하면 성적 흥분을 느끼는 건 아닐까 하는 의문을 진지하게, 까지는 아니고 잠깐 배가 아파서 가져보았다.

어찌 흘러흘러 가다보니 나 또한 뒤늦게 나이 먹어서 법관 해외연수 덕에 팔자에 없는 하버드 로스쿨을 일 년짜리로나마 다녀오게 되었고, 체계적인 법리 실력은 없이 구체적 분쟁 해결에만 관심 많은 야전형 판사로 일하고 있다. 이런 쓸데없는 글이나 쓰며 말이다. 뭐, 나는 이런 내가 좋다.

개천의 용들은 멸종되는가

학창 시절 한국사와 중국사를 공부할 때 참 흥미롭다고 생각했던 부분이 있다. 한 왕조가 건설되어 발전하는 시기와 쇠락하여 망해가는 시기의 특징이 몇 천 년에 걸쳐 놀라울 만큼 비슷하게 반복된다는 것이다.

발전기의 특징은 균등 분배를 지향하는 토지개혁, 귀족의 세 부담 증가, 국가 직영 최고교육기관 확대 및 공정한 과거제도를 통한 신진 엘리트의 등용에 있다. 패망기의 특징은 소수 귀족의 토지 사유화 증가로 인한 대농장화, 백성의 각종 세 부담 증가, 귀족 자제 중심의 사학 증가, 고위 관리 자제를 특채하는 문음, 음서제도 확대를 통한 지배계급의 세습 구조 공고화, 과거제의 붕괴 등을 들 수 있다. 이 같은 병리 현상이 계속되면, 결국 사회적 불만이 극에 달해 민란이 일어난다.

이중 인재 등용 및 계층 이동 통로인 과거제의 역할을 오늘날에는 대학 입시제도가 수행하고 있다고 봐도 지나치지 않다. 만인의 만인에 대한 투쟁이라는 말로 묘사할 수밖에 없는 한국사회의 입시경쟁은 결국 대학 입시가 현대의 과거제로서 서민계층의 사회적 신분상승 욕구와 중산층 이상의 신분유지 욕구가 충돌하는 생존경쟁의 장이기 때문이다.

나는 1980년대 후반에 대학에 입학했다. 당시의 입시제도는 대한민국 역사상 가장 단순 명쾌한 제도였다. 오로지 대입 학력고사 성적과 내신 성적만으로 모든 수험생이 한 줄로 서서 대학에 갔다. 거기에다 사교육 금지로 과외는 물론 재학생의 학원 수강도 금지되었다. 유감스럽게도 권력층 및 최상류층 자제들은 그 와중에도 고액 비밀과외를 하고 있었지만, 워낙 소수라 전체 판도에 큰 영향을 미칠 정도는 되지 못했다.

그런 입시제도에 힘입어 강북의 공립 고교생이자 서민 가정 출신인 나는 그야말로 학교 수업 열심히 듣고 혼자 알아서 공부한 것만으로 서울대에 진학했다. 입학 후에 보니 내가 입학한 법대를 포함하여 서울대생들의 다수가 나와 별로 다를 것 없는 서민 가정 자제들이었다. 물론 그때도 이른바 강남 8학군 치맛바람이 유명하긴 했지만, 당시 서울대생의 경제적 계층 분포도는 사회의 일반적인 계층 분포와 크게 다르지는 않았다. 지방 학생들도 많아서 온갖 사투리가 캠퍼스를 압도하는 느낌이었다.

지금의 입시제도는 그때와는 천양지차다. 한국대학교육협의회가 발표한 2015학년도 대입 전형의 수는 892개, 전국 215개 대학의 세부 전형명 기준으로는 무려 2988개다. 명문대일수록 정시보다 각종 수시모집으로 선발하는 비율이 높고, 수능시험은 해마다 쉬워져서 누가 누가 실수 안 하나의 시험이 되어간다. 이런 와중에 차별화된 인재로 자신을 포장하기 위해 요구되는 것은 끝도 없이 많다. 이미 중학생 시절에 만점에 가까운 토플 점수는 물론 높은 제2외국어 점수도 기본으로 가지고 있어야 한다. 서울과학고 같은 영재 고등학교에 가려면 수학 올림피아드 준비를 위해 대치동 올림피아드 전문학원에서 중1 때까지 고등학교 수학 선행학습을 마친 후 중국 대학들이 만든 올림피아드용 문제집을 일년 넘게 반복해서 풀어야 한다. 수학 천재 가우스가 다시 살아와도 아무 정보 없이 시골에서 독학으로 영재고에 가는 건 불가능하지 싶다. 사회성이 높다는 걸 증명해 보이기 위해 학생회, 동아리, 운동부 활동에, 봉사정신이 투철하다는 걸 증명해 보이기 위해 굳이 방글라데시까지 가서 우물을 파기도 한다. 거기에다 악기 한두 개는 기본으로 잘 다루어야 한다. 게다가 이 모든 것이 그냥 나열만 되면 안 되고 '스토리'가 있어야 한단다. 그래서 요즘 대치동에서는 초등학교 때부터 미리 한 방향의 스토리에 맞춰 스펙을 설계해준다.

이런 현상의 배후에 어떤 가치관이 있는지 선명하게 볼 수 있었던 일이 하나 있다. 몇 년 전 어떤 행사 자리였다. 라운드 테이블에 둘러앉은 점잖은 분들이 교육 문제에 대해 한마디씩 하기 시작했다. 역시 교육 문제에 대해서는 사모님들이 더 적극적으로 화제를 이끌었다. 하프를 전공한 어느 사모님이 수학과 교수인 부군을 제치고 자녀 수학 선행학습 스케줄을 짜고 있었고, 발레를 전공한 어느 사모님은 미국 박사 출신인 부군을 제치고 애들 영어 웅변대회 수상경력을 챙기고 있었다. 그러면서 하시는 말씀들. "그래도 공부 하나만 불균형하게 잘하는 애가 되지 않도록 이것저것 많이 시키고 있어요." "맞아요. 이 글로벌 시대에 외국어 실력, 세련된 매너, 수준 높은 교양, 원만한 성품…… 얼마나 갖춰야 할 게 많아요?" "글로벌 리더가 되려면 창의적 인재여야지 교과서 달달 외워서 시험만 잘 치는 기계가 되면 안 되죠." "우리나라도 이제 안정된 사회인데 더이상 평지돌출로 상고 출신 대통령이 나오고 이러면 안 될 것 같아요. 제대로 교육받지 못하면 인성이 불균형할 수밖에 없죠."

공부 하나 달랑 잘해서 먹고살고 있는 불균형한 인성의 나는 그 우아하고 세련된 분들 사이에서 불편할 수밖에 없었다. 서민계층 자제들이 잘할 수 있는 것은 그나마 공부 하나밖에 없다. 도서관 덕분에 돈 안 드는 독서가 가장 큰 취미요 특기일 수밖에 없다. 서민계층 자제들에게 가장 유리한 시스템은 사교육 없는 공교육이다. 교과서와 큰 부담 없이 구입할 수 있는 참고서로 열심히 공부한 학생이 확실히 좋은 점수를 받는 아주 단순한 제도다. 이건 상류층 내지 중산층 학부모들이 가장 두려워하는 제도이기도 하다. 시골 깡촌이나 달동네에서 우연히 돌연변이로 달랑 공부 하나 잘하게 태어난 '불균형한 인성의 공부 기계'가 자기 아이의 자리를 빼앗아갈지 모르니 말이다.

우리 입시제도의 변화 추세는 크게 보면 미국 입시제도와 비슷한 방향을 향하고 있다고 볼 수 있을 것 같다. 그렇다면 미국 입시제도에 대한 미국 내에서의 비판도 참고할 만하다. 〈월스트리트저널〉의 교육 담당 기자이자 퓰리처상을 수상한 바 있는 유명 저널리스트 대니얼 골든은 미국 명문대학들의 입학사정 실태에 대해 방대한 사례를 수집하고 분석한 『왜 학벌은 세습되는가?*The Price of Admission*』라는 책을 발표해 큰 관심을 모은 바 있다.

대니얼 골든이 이 책에서 주장하는 핵심을 요약하면, 미국 명문대들은 기부입학, 동문 자녀, 교수 자녀, 체육특기생 등의 특례입학을 통해 백인 특권층 자제 다수에게 특혜를 주고 있다는 것이다. 그리고 미국을 이끌어가는 정치인, 고위법조인들 및 그 자제들의 상당수가 아이비리그 동문 입학 특혜 등의 수혜자여서 미 국회의사당은 아이비리그 동문 클럽이라는 말이 있을 정도라고 한다. 명문대학 입학생의 최소 3분의 1 이상이 입학 과정에서 우대를 받는다. 한데 우대 대상자 중 15퍼센트 정도만 소수 인종 출신 학생들이 차지하는 데 비해 부유한 백인들은 체육특기생(10~25퍼센트), 동문 자녀(10~25퍼센트), 기부입학자(2~5퍼센트), 유명인사나 정치가 자녀(1~2퍼센트), 교수 자녀(1~3퍼센트) 등 압도적으로 높은 비율을 차지한다.

체육특기생 제도는 농구, 육상 같은 스포츠에서 두각을 나타내는 흑인, 소수 인종에게 유리할 것이라 생각하지만 아이비리그 명문내들은 스쿼시, 요트, 스키, 조정, 수구, 펜싱, 종합마술, 심지어 폴로 같은 이른바 귀족 스포츠 특기생을 대거 합격시킴으로써 특권층 자제의 순조로운 입학 경로를 제공하고 있다. 대학 스포츠 특기생 수에 양성평등을 촉구하는 법적 규제가 생기자 명문대들은 육상, 레슬링 등 주로 서민층 남학생들이 활약하는 스포츠팀을 없애고 승마, 조정 같은 부잣집 여학생들로 구성된 팀을 신설하여 성비만 맞추고 계층 간 불평등은 심화시키고 있다.

대니얼 골든에 따르면, 미국 명문대들의 동문 자녀 특혜는 20세기 전반부에 압도적으로 성적이 뛰어난 소수집단, 즉 유대인 수재의 입학 급증을 억제해 백인 부유층 자녀를 보호하려는 목적으로 시작되었다고 한다. 그 한 예로 다트머스대는 1922년 입학지침을 발표하여 학업가능성뿐 아니라 성격, 운동 실력, 지리적 안배, 동문 자녀 여부를 입학 근거로 추가했다. 지리적 안배 또한 유대인들이 뉴욕 시에 집중적으로 거주하고 있었기 때문에 추가된 요건이다.

예외적인 명문대학도 있다. 대표적으로 캘텍(캘리포니아 공과대학)이다. 철저히 과학적 재능이 탁월한 인재만 선발한다. 앞서 언급한 거의 모든 특혜를 입시전형에서 철저히 배제한다. 입학위원회 위원인 캘텍 교수의 자제조차 캘텍에 입학하지 못하고 MIT로 진학한 사례가 있다. 2003년도 캘텍 신입생의 85퍼센트가 공립고교 출신이었다고 한다. 가혹할 정도로 공부를 열심히 해야 하는 교과 과정을 가지고 있어 뛰어난 두뇌와 노력 없이는 졸업이 불가능하다. 입학위원회에 학생 대표가 교수 대표와 동수로 참여하여 공정성을 담보한다.

캘텍도 학교 발전을 위해 동문들의 기부가 필요한 것은 마찬가지다. 하지만 이에 보답하는 방식 역시 다른 학교와 달랐다. 캘텍 출신인 인텔 창업자 고든 무어는 2001년 당시 사상 최고액인 6억 달러를 모교에 기부했다. 그러나 그의 두 아들은 캘텍에 못 가고 새너제이 주립대학과 샌타클래라대에 진학했다. 캘텍은 6억 달러 기부자에게 다른 방식으로 감사를 표했다. 학교 과학팀이 발견한 소행성에 고든 무어의 이름을 붙여 헌정한 것이다.

이와 같은 미국 입시제도에 대한 비판에도 귀를 기울일 필요가 있다. 유감스럽지만 우리 사회는 미국보다 훨씬 더 공정성에 대한 사회적 신뢰도가 낮다. 다양한 인재를 찾는다는 명분은 이상적이지만, 좋은 제도라도 공정한 운영에 대한 신뢰가 없으면 성공하기 어렵다. 악용될 여지가 있는 최선보다 안전한 차선이 현실적인 대안이 아닌지 토론이 필요하다고 본다.

그리스적 전인교육은 노예제의 기반 위에 귀족들에게 적용되었던 혜택이다. 음악, 미술, 체육에 웅변, 논술, 뛰어난 외국어 능력 등 중산층 이상 가정의 뒷받침 없이는 개인의 노력으로 경쟁하기 힘든 분야의 능력을 자꾸 대입제도에 도입하는 것은 우리 사회가 벌써 신분 이동이 어려운 쇠퇴기의 사회가 되어가는 징표 아닐까 싶어 두렵다.

지옥으로 가는 길은 선의로 포장되어 있다

앞의 글 「개천의 용들은 멸종되는가」는 모 매체에 기고한 칼럼에 살을 덧댄 것이다. 이 칼럼은 매체에 실리자마자 놀라울 만큼 반응이 컸다. 엄청나게 많은 이들이 댓글을 달고 여기저기 글을 퍼날랐다. 교육 관련 커뮤니티에서 격론이 벌어지기도 했고 글에 대한 격한 공감을 표시하기도 했다. 그런데, 글 아래에 달린 댓글들을 읽으면 읽을수록 마음이 무거워졌다.

먼저, 학력고사를 부활시켜야 한다는 반응들이 많았다. 하지만 80년대 입시제도에서 나타난 형평성은 먼저 강력한 사교육 금지가 전제되었기에 가능했던 것이다. 지금 같은 극심한 사교육 열풍하에서는 전혀 다른 결과가 나올 것이다. 그럼 사교육 금지도 함께 실시하면 되지 않느냐? 사실 80년대에 국보위(국가보위비상대책위원회)가 일방적으로 발표한, 형사처벌까지 부과할 수 있는 사교육 금지는 정상적인 자유민주주의 국가에서 있을 수 없는 조치였다. 이런 방식의 조치는 이제 있을 수도 없고 있어서도 안 된다. 가능한 방법은 사회적 합의를 도출하여 국민투표를 통한 개헌 절차를 밟아 헌법 자체에 근거를 마련하는 것이다. 그렇게라도 했으면 좋겠다는 심정이고, 개인적으로는 이런 국민투표가 실시되면 찬성표를 던지겠다. 하지만, 냉정하게 생각해보면 결코 쉽지 않은 일이다. 자녀의 생존경쟁을 위해 어떻게든 사교육을 시키고 싶은 부모들의 본능적인 욕구와 남들은 어떻게든 몰래 시키지 않을까 하는 불신이 사회적 합의를 가로막을 것이다. 그리고 백만 명이 넘는다는 사교육 종사자와 그보다 더 많은 그들의 가족 역시 국민이다. 헌법재판소가 2006년 안마사 자격을 시각장애인만으로 제한한 것은 위헌이라는 결정을 내리자 시각장애인 안마사들이 연이어 마포대교에서 투신하는 등 목숨을 건 시위에 나섰다. 국회는 위헌 결정 후 단 석 달 만에 다시 시각장애인만 안마사 자격을 가질 수 있도록 의료법 개정안을 통과시켰다. 경우가 다르기는 하지만 사교육 금지를 위한 개헌도 단순히 찬성 여론만 많다고 일방적으로 밀어붙일 수 있는 것이 아니라 사교육 종사자들의 생존권 보장을 위한 타협이 수반되어야 가능할 것이다.

다음으로, 댓글 수로는 소수지만 현행 입시제도에 대해 보다 전문적인 경험과 지식을 갖고 있는 이들의 반응은 전혀 달랐다는 점을 이야기하고 싶다. 80년대와 지금은 사회적 상황이 모든 면에서 전혀 다르다는 것이다. 지금은 사교육 수준도 더이상 높아질 수 없을 만큼 높아져 제도를 어떻게 바꿔도 최적화된 솔루션을 제공할 수 있는 수준에 이르렀고, 강남 지역 고교생들 및 특목고 학생들과 일반 학생들 사이의 학력격차가 너무 벌어져서 단일 지필고사 체제를 도입하면 오히려 명문대 정원 대부분을 특목고와 강남 지역 학생들이 독점하게 된다는 것이다. 지금 그나마 지방 일반고 학생들이 몇 명씩이라도 명문대에 진학할 수 있는 것은 학력고사와 비슷한 정시, 즉 수능 때문이 아니라 수시인 지역균형 전형, 기회 균등 전형 때문이라는 얘기다.

대충은 알고 있었지만 일반고 진학지도 담당 교사 등 지금 현장에 있는 분들의 생생한 견해들을 접하니 더욱 충격적이었다. 이러한 심각한 학력격차가 나타나게 된 것이 단지 사교육만의 문제일까? 80년대 이후 더욱 가속화된 경제 성장은 빈부격차, 도농격차를 심화시켰다. 지방에서 공부 잘해서 성공한 이른바 '개천 용'들도 교육 여건이 좋은 강남으로 이주했다. 부모가 모두 고학력인 중산층 이상의 교육열 높은 계층이 밀집하여 경쟁하는 교육특구가 형성된 것이다. 출발점부터 유리한 요소를 갖고 태어날 가능성이 높은 아이들이 엄청난 교육열과 사교육의 지원까지 받고 있다.

이미 우리 사회의 교육격차는 형식적인 기회 균등만으로 해소하기 어려운 수준에 이른 것인지도 모른다. 그렇다면 어쩔 수 없는 일이라며 그 격차를 받아들여야 할까? 인간은 사회적 동물이다. 계층 이동의 사다리가 끊어지고 빈곤이 대물림되는 사회는 역사가 증명하듯 근본적 기반이 흔들린다. 모든 곳에 희망이 있어야 사회가 유지된다. 이를 위해서는 형식적 평등을 넘어 실질적 평등을 위한 노력이 필요하다. 미국이 대학 입시에서 소수 인종을 우대하는 '적극적 평등 실현 조치Affirmative Action'를 실시하듯 지역 균형 전형, 기회 균등 전형과 같은 조치의 중요성은 우리 사회에서도 점점 더 커질 것 같다. 현재까지 가장 보편적으로 받아들여지는 정의에 관한 원칙인 존 롤스의 『정의론』은 사회의 최소 수혜자를 배려하기 위한 불평등은 정의에 부합한다고 하여 실질적 평등을 강조하고 있다. 이는 우리 헌법이 지향하는 가치이기도 하다.

급변하는 현실을 정확히 파악하지 못하면 자칫 좋은 의도로 최악의 결과만 낳을 수 있다. 지금 입시제도가 이렇게 복잡해진 것도 알고 보면 그런 결과가 층층이 쌓여서인지 모르겠다. '지옥으로 가는 길은 선의로 포장되어 있다'는 말을 다시 한번 되새기며 등줄기가 서늘해지는 것을 느꼈다. 물론, 나는 교육 전문가도 무엇도 아닌 그저 시민의 한 사람이자 학부형의 한 사람으로서 느끼는 안타까움과 의문을 적은 것이다. 하지만 그것이 일기장이 아니라 많은 이들이 읽는 매체에 실리는 이상 책임이 따른다. 다시 한번 글의 무게에 대해 뼈저리게 느꼈다.

내 글에 대한 반응 중 가장 아픈 지적은 '자신을 개천에서 난 용이라고 생각하는 오만에 빠져 있는 것 아니냐' '이른바 개천 용들이 사회를 위해 기여한 것이 뭐냐. 격차만 더 심하게 만들고 사다리를 걷어차고 있는 것 아니냐' '교육은 신분상승의 수단이 아니다' '개천과 강의 구분도, 용과 미꾸라지의 구분도 없는 것이 가장 이상적인 사회가 아니냐'는 등의 반응이었다.

부끄러웠다. 감히 내가 무슨 용이라는 가당치도 않은 생각을 한 적은 없다. 내가 칼럼을 쓸 때 가장 울컥하며 써내려갔던 것은 요약하면 결국 '서민 가정 출신의 공부 잘하는 아이들이 부잣집 애들에게 정당한 기회를 빼앗기는 건 부당하다'는 부분이었다. 인간은 자기 경험의 한계에 갇혀 있다는 것을 다시 한번 깨달았다. 결국 나 또한 과거의 나 자신과 비슷한 아이들이 기회를 빼앗기는 것에 가장 분노하는 것이다. 물론 계층 이동의 사다리, 공정성 측면에서 이것도 중요한 이야기다. 그런데 그게 전부는 아니다. 소수의 공부 잘하는 아이뿐 아니라 다수의 그렇지 않은 아이들이 행복하게 살 수 있는 사회에 대한 고민이 사실 더 중요하다. 또한 사회에는 공부 잘하는 것 외에 다양한 재능이 필요하다. 대학 입시를 봉건시대의 과거제도처럼 생각하는 것도 문제가 있는 것이다. 그리고 나와 같은 생각은 자칫 엘리트주의로 흐를 수 있다. 공공의식이 부족한 엘리트는 사회에 오히려 더 큰 해악만 끼칠 수 있다는 것 역시 역사가 증명하고 있다.

생각할수록 자괴감이 커졌다. 그렇다고 내가 내 아이를 대안학교에 보내거나 세상이 어떻든 '무소의 뿔처럼 혼자서 가라'고 등 떠밀고 있는 대단한 소신의 소유자도 아니다. 많은 아빠들이 그렇듯 세상을 한탄하며 소심한 저항을 해보지만 이미 세상이 미쳐 돌아가는데 혼자 제정신인 척하다가 애 인생 망치면 어쩔 거냐는 질문 앞에는 고개를 숙일 수밖에 없는 비겁한 아빠다. 그리하여 남들보다 좀 늦게 시작했다지만 주말이면 대치동 학원으로 애를 실어나르는 기사 노릇도 하게 되고 그 덕인지 특목고 학부모가 되기에 이르렀다. 그 과정에서 아이들과 부모의 고초, 시간과 비용의 낭비, 그런 지원을 못 받을 아이들의 불평등 등 체감하는 문제들이 너무나 심각해서 이건 정말로 미친 짓이라는 생각만 강해져갔다. 아내가 온갖 입시설명회에서 받아오는 복잡한 자료들을 보며 어차피 경쟁 자체는 피할 수 없는 것이라면 차라리 내가 경험한 과거의 입시제도처럼 단순한 경쟁이 정보격차 등의 부작용이라도 줄이는 것 아닐까 하는 생각도 들었다. 이런 안타까움과 답답함에 글을 쓴 것뿐이다. 오히려 댓글들을 통해 다양한 처방의 필요성을 배웠다. 공교육 강화, 기회균등 전형 확대, 수시 중 재력이 영향을 미칠 수 있는 요소의 규제, 취업시장에서의 학벌주의 탈피 등.

부족한 글을 쓴 나 개인적으로는 부끄럽고 마음이 무거웠지만, 그 글에 대한 많은 분들의 반응에서는 큰 희망의 불씨를 볼 수 있었다. 거의 모든 분이 기본적인 문제의식 자체에 공감하고 있었기 때문이다. 계층 이동의 사다리가 없어진 신분제사회는 자멸로 가는 길이라는 역사적 교훈과 입시제도에 있어 돈과 정보력의 영향을 어떻게든 최소화하여 공정한 기회를 보장해야 한다는 점이다. 이것은 보수 진보의 문제도 아닐뿐더러 심지어 거주지에 따른 이견도 별로 없었다. 오히려 미친듯한 입시경쟁을 가장 극적으로 체감하고 있는 강남 지역 학부모들이 가장 열광적으로 공감을 표시했다. 어쩔 수 없이 그 광풍에 동참하고 있으면서도 이대로는 안 되겠다는 문제의식은 다들 어느 정도 느끼고 있는 것이다. 복잡한 현실적 조건들에 대한 분석과 대안 마련은 전문가들의 몫일 수밖에 없고, 결국 사회 자체가 바뀌기 전에는 부분적인 개선 외에 근본적인 해결책은 없을지도 모른다. 하지만 사회 구성원들이 기본적인 문제의식을 공유하면서 끊임없이 서로 대화한다면 더디더라도 옳은 방향을 향해 갈 것이라고 믿는다.

88학번

———— 입시 제도에 대한 내 생각이 결국은 1980년대 후반이라는 특정한 시대적 배경하에서 겪은 경험의 틀을 크게 벗어나지 못하듯, 사람들의 생각은 자신이 살아온 시대의 영향을 받는다. 우리는 우리 생각만큼 특별한 존재들이 아니다. 실은 비슷한 시기에 비슷한 고민을 거치면서 비슷한 생각을 하게 된 것인데, 마치 자기 혼자만 시대와 불화하면서 대단한 인식의 전환을 이룬 것처럼 착각하는 경우가 많다.

앞에서 고故 신해철을 가리켜 '국민' '민족' '민중'은 넘쳐났지만 '개인'은 희귀하던 집단주의 시대에 '훌륭한 사람이 되기보다 행복한 사람이 되고 싶다'고 말하던 개인주의자로 묘사했다. 신해철은 1969년생, 88학번인 나보다 한 살 위다. 굳이 세대론을 들이대자면 요즘 젊은 세대들이 그리도 싫어하는 이른바 '86세대'의 끝물인 셈이다. 88학번은 사실 대학 시절 선배들에게 '싸가지 없다' '개인주의적이다' '정치에 무관심하다'는 욕을 먹었었다. 80학번부터 87학번까지는 쿠데타로 집권한 전두환 독재 정권과 광주 학살에 대한 분노라는 거대한 시대적 자기장 속에서 대학 시절을 보낸 민주화운동 세대이고, 88학번은 87년 6월 항쟁으로 절반의 승리에 불과했지만 일단은 형식적 민주화를 쟁취한 이후 대학에 입학한 민주화 이후 세대다. 그리고 사춘기 시절부터 팝송과 할리우드 영화를 비롯한 미국 대중문화의 영향을 본격적으로 받은 세대이기도 하다.

그런데 사춘기 시절의 나는 극도의 이기주의, 개인주의, 냉소주의였고 성적 호기심만 비정상적으로 강했다. 억압적인 가정이 싫고 지루한 학교도 싫고 그리 죽이 맞는 친구도 적고 꿈도 없고 야심도 없었는데, 요즘 유행하는(?) 유체이탈에 능하여 그런 나 자신을 머리 위에서 냉정하게 관찰하며 그 비루한 속내를 구석구석 분석하곤 했다. 늘 책을 읽고 있긴 했는데 자세히 들여다보면 읽고 있는 책이 주로 야한 장면이나 잔혹한 장면이 속출하는 것들이었다. 그래서인지(?) 일본 작가들이 좋았다. 만화책도 엄청나게 읽었는데 역시 일본 만화 위주였다. 음악도 질풍노도 시기답게 악마주의 헤비메탈이나 하드록, 1960~70년대 환각적인 사이키델릭을 많이 들었다. 1969년생 주변부 국가 소년이 1960년대 미국을 휩쓴 반문화, 히피즘에 향수를 느끼게 되는 기묘한 문화 현상(이것도 알고 보면 보편적인 일이다. 무라카미 류의 소설 『69』나 하루키 소설에 나오는 청춘들같이)에 사로잡혀 있었다. 간접 경험이 축적되다보니 마치 실제로 그 시대를 살았던 것 같은 대체 기억이 형성된 것이다. 나 같은 경우가 80년대 NL 계열 학생운동권이 비판하던 전형적인 주변부 식민지 문화 종속의 예일 것이다. 그들이 뭐라 분석하든 소년 시절의 내게 120분짜리 공테이프에 정성껏 녹음하여 듣던 짐 모리슨, 재니스 조플린, 지미 헨드릭스는 답답한 현실과 대비되는 그리스신화적인 영웅이었고, 혁명의 시대 반문화의 시대였던 미국의 1960년대는 불만 가득한 개도국 소년의 1980년대이기도 했다. 그게 예술의 보편성인 것이다.

몸은 이 땅에 있으되 마음은 먼 곳에 있던 사춘기는 서서히 끝나갔다. 내 고3 시절은 바로 그 87년이었다. 고2 때 황석영의 『죽음을 넘어 시대의 어둠을 넘어』를 통해 80년 광주에서 어떤 일이 있었는지 알고는 세상이 무너지는 충격을 받은 후 이문열 유의 순수문학 취미에서 벗어나 효자동 헌책방에서 묵은 시사월간지(당시에는 『월간조선』『신동아』 등이 사회비판적인 고발성 기사를 많이 싣고 있었다)를 구해다 읽고 제3세계 문학도 찾아보고 해방신학, 아나키즘에 관한 책도 뭔지 잘 모르면서 읽는 등 나름의 방황을 하고 있었다. 비록 혼자 그런 책이나 찾아 읽는 책벌레였을 뿐이지만 87년의 그 거대한 에너지를 느끼지 않을 수 없었던 거다.

대학에 들어간 후에는 대학에서 접한 우리 사회의 심각한 문제들, 고통받는 사람들, 현대사의 비극에 대해 충격을 받고 고민을 할 수밖에 없었다. 근로기준법을 준수하라고 외치며 분신한 전태일에 관한 평전을 읽으며 법대생으로서 참담한 마음까지 들었다. 개인주의자를 자처하며 사춘기 내내 바깥세상에 눈을 감고 책과 음악에만 빠져 살았는데, 뒤늦게 발견한 세상은 온통 불의와 부조리 덩어리였다. 그동안 그리 넉넉하지 못한 서민 가정에서 자랐다고 생각했던 내게 노동자 시인 박노해의 시집 『노동의 새벽』은 큰 부끄러움을 주었다. 정말 수많은 이들이 내가 살아온 세상 바깥에서 고통받고 있었다. 공장 프레스 기계에 잘려나간 동료의 손을 들고 타이탄 트럭 짐칸에 앉아 병원에 갔지만 붙이지 못한 채 결국 공장 담벼락 아래 묻는 내용의 시 「손무덤」을 읽으며 쇠망치로 얻어맞은 듯한 충격을 받은 기억이 지금도 생생하다.

하지만 뭔가를 할 용기도 없었고, 당시 대학가를 지배하던 이데올로기에 동의하는 것도 체질적으로 어려웠다. 역사의 필연이 어떻고 민족이 어떻고 계급이 어떻고 하는데 나는 개인의 자유와 행복이 가장 중요한 인간이다. 아무리 자본주의의 모순이 극심하다지만 거창한 이념을 다 떠나서 나 자신은 한국에서도 그럭저럭 행복하게 살 것 같고, 미국에서도 잘살 수 있을 것 같은데, 북한, 소련, 중국 같은 전체주의사회에 사는 것은 상상만도 끔찍했다. 자기 자신이 살고 싶지 않은 체제를 남들에게 권하는 건 죄악이다.

당시 대학가를 지배했던 이념은 '사회과학'이라는 중립적인 표현으로 포장되어 있지만 결국 마르크스주의였다. 사회과학 서점에 있는 대부분의 책이 이 시각으로 사회, 경제, 역사, 문화, 교육 등 모든 것을 설명하고 있었다. 마르크스주의는 자본주의의 모순을 냉철하게 파헤치는 측면에서는 탁월했다. 아름다운 말로 포장된 인간사회 구조의 곳곳에 탐욕과 이기심, 지배와 피지배 구조가 있다는 걸 일깨워주었다. 의문점은 그렇게 냉철하고 날카롭고 실증적이던 비판의식이 대안 제시 단계에서는 갑자기 종교 수준의 낙관주의로 돌변한다는 점이었다. 인간이 그렇게 역사 내내 이기적이고 탐욕스러웠다면 어떻게 갑자기 노동계급에 대한 헌신과 희생정신에 불타는 전사로 돌변하며, 당(즉 지배 엘리트)은 권력을 사유화하지 않은 채 인민을 위해 헌신하고, 사람들은 사유재산과 이윤 동기 없이도 모두를 위해 열심히 일할 것이라는 말인가. 그게 근본적으로 가능한지, 가능하다면 어떻게 가능한지 과학적인 설명이 너무나 부족했다. 자본주의의 허위의식에서 깨어나 사회주의적 인간형으로 거듭나면 된다는 식인데 이건 종교일 뿐이다. 개미 연구로 유명한 진화생물학자 에드워드 윌슨의 마르크스주의에 대한 평이 정확하다. "이론은 훌륭한데 종種이 틀렸다." 1989년 동구권 붕괴가 시작되어 이론과 전혀 다른 사회주의국가의 현실이 적나라하게 드러나면서 대학사회의 분위기는 더욱 혼돈 속으로 빠져들었다.

어린 시절부터 스스로에 대한 관찰을 통해 인간의 이기적 본성이 얼마나 투철한지 늘 생각해왔던 나는 마르크스주의에 기초한 운동권의 논리를 받아들이기 힘들었다. 그런데 당시 운동권의 이상주의적 열정 자체는 순수했음이 명백했고, 한국사회의 모순이 극심하다는 것도 사실이었기 때문에 논리적으로는 받아들이기 힘들어도 심정적으로는 아무것도 하지 않는 자신에 대해 죄의식과 부채의식이 쌓일 수밖에 없었다. 이념과 무관하게 불의임이 명백한 일도 사회에 얼마든지 존재하고 있고 도움이 필요한 사람도 얼마든지 있음을 대학에 와서 알게 되었기 때문이다. 당시 대학가를 지배한 이념에 동의하기 어려웠다는 말은 그래서 변명에 불과하다. 자기 자신은 속이지 못한다. 나는 그저 타인을 위해서 희생하고 헌신할 의지까지는 없었던 거다.

결국 나는 마음속으로 무거운 부채의식은 있지만 아무 실천도 하지 않으면서 책만 엄청나게 읽어대고, 영화제 다니고, 연애하고, 나이트 록카페 다니는 날라리 학생이 되었다. 기타를 배운 후에는 별로 잘 치지도 못하는 주제에 작업 도구로 써먹기도 했다. 강촌 기차역에 가면 절벽에 매달린 '월'이라는 분위기 좋은 라이브 카페가 있었는데, 호감을 갖고 있던 여학생을 데려가서 앉혀놓고 익스트림의 〈More than words〉를 기타 치며 노래 불러준다든지 하는 스킬로. 어? 이 카페 기타가 있네 하며 무심한 듯 시크하게 시작하는 것이 포인트. 진실은 3주간 맹연습. 그런데 민중가요책은 넘쳐나고 있었으나 내가 좋아하는 팝음악 악보는 부족했다. 그래서 음악을 들으며 코드만 대충 따서 치기도 했는데, 하루는 배리 매닐로의 팝재즈 명반《2:00 AM Paradise Cafe》에서 몇 곡의 코드를 따보려고 과방에 앉아 카세트라디오를 틀어놓고 있었다. 그랬더니 잠시 후 한 후배 녀석이 들어오며 "적성국가 노래가 들려서 타격하러 왔습니다"라며 개그 아닌 개그를 했다. 뭐, 그런 시대였다.

그 시대에 이른바 '가투', 즉 거리시위에 나가본 게 딱 한 번이다. 1990년 5월 9일이다. 평소 남들 데모할 때 이대 앞, 홍대 앞에서 예쁜 여학생들이랑 공연 보고 연극 보고 록카페 다니느라 학교도 잘 안 나오던 주제에 '삼당 합당'으로 국민이 표 준 야당이 여당으로 통합되는 모양이 뭔가 상식을 우롱하는 짓이라고 느껴져 못 참겠는 거다. 나 같은 일반 학우도 울컥하게 만드는 사건이었다. 운동권도 아닌 날라리 주제에 감히 법학도서관 벽에 헌법 정신이 유린되는 마당에 법학도들이 무슨 낯짝으로 법서를 외우고 앉았느냐 운운하는 비장한(?) 대자보를 써붙이고는 난생처음 운동권 학우들을 따라 명동으로 나갔다. 걔들은 속으로 의아해했을 거다. 저놈이 미쳤나.

젊은이의 마음은 심히 비장했으나 몸은 비루했다. 다리는 후들거렸고 처음 겪은 지랄탄 몇 방에 이미 눈물 콧물 질질 흘리며 멘붕. 아무것도 못하고 도망만 다니다 겨우 집으로 가는 지하철 안에서 승객들에게 질질 짜면서 이렇게 시민들이 가만 계시면 안 된다고 호소 비슷한 것을 했던 기억이 있다. 그것도 옆에 후배가 있었기 때문이었던 것 같다. 투사는 아무나 하는 것이 아니었다. 사람이 생긴 대로 살아야지.

그런데 삼당 합당의 결과, 나중에 YS가 그 특유의 저돌적인 스타일로 하나회 해체, 실명제 등을 마구 밀어붙여 권위주의 체제의 과감한 파괴를 수행했으니 역사란 미리 예측할 수 있는 일은 아닌 것 같다.

이런 급변기 속에서 이런저런 고민을 한다지만 실은 빈둥거리기만 하다가 친구들 다 고시 붙기 시작한 후에야 오로지 먹고 살기 위해 뒤늦게 고시 공부를 시작했다. 공부를 하면서 전에는 지배계급의 이데올로기로만 치부했던 소위 주류 사회과학에 뒤늦게 감탄하기 시작했다. 존 로크, 몽테스키외, J.S.밀, 애덤 스미스, 케인스, 『경제학원론』, 『헌법』, 『민법』, 『회사법』…… 책 속에는 프랑스혁명, 명예혁명, 미국 독립선언을 통해 근대를 만들어낸 계몽주의, 자유주의 사상가들의 위대함, 그리고 20세기 들어 초기 자본주의의 문제를 극복하기 위해 현대 수정자본주의, 복지국가를 발전시킨 역사가 있었다. 무엇보다 서구 민주주의는 인간성에 대한 불신에서 출발한다는 점이 매력적이었다. 인간의 이기심을 기본 전제로 하고, 권력자를 철저히 불신해 권력을 분리하여 상호 견제하도록 하는 사고방식 말이다. 자본주의 체제의 근간을 이루는 민법, 상법, 소송법을 공부하면 할수록 인간에 대한 불신에 기초해 정교하게 상호 견제가 가능하도록 만든 부분들, 애초에 인간 세상에서 최선은 성취하기 힘들다 보고 이해 당사자들의 투쟁을 통해 적정선에서 타협하도록 한 냉정함을 느낄 수 있었다. 물론 그럼에도 불구하고 현실사회에서 인간들의 탐욕은 이런 모든 견제장치를 무력화하며 악용하여 자본주의의 극심한 문제점들을 낳아왔다. 그렇다고 해도 이 체제를 설계한 합리적 이성의 신봉자들, 계몽주의와 자유주의 사상가들의 천재성과 진보성이 퇴색되는 것은 아닌 것 같았다.

대학 초년생 때 자본주의의 모순과 한계, 대안 모색에 관한 급진적인 책들을 탐독하고, 졸업 무렵부터는 자본주의의 형성, 그 근본 철학, 수정자본주의로의 발전 과정을 공부했으니 어쩐지 거꾸로 된 일이다. 그건 어쩌면 나뿐만 아니라 우리 사회 전체가 그랬는지도 모를 일이다. 자본주의 체제이면서도 그 정치적 기본 토대인 자유주의와 민주주의를 제대로 체화하지 못한 이유도 제대로 된 순서를 밟지 못했기 때문 아닐까. '비동시성의 동시성'이라는 말로 설명할 수 있을지도 모르겠다. 이는 독일 철학자 에른스트 블로흐가 전근대성, 근대성, 탈근대성이 공존하던 1930년대 독일사회를 규정하기 위해 사용한 개념이다. 서로 다른 시대의 특징이 같은 시대에 나타난다는 말이다. 내 대학 시절의 한국사회도 그랬다. 고도 성장기의 자본주의, 전체주의적인 군부독재, 전근대적인 가부장제 문화, 그리고 이에 대한 저항 이념인 20세기 초반의 러시아혁명 이론부터 20세기 후반 유럽의 후기 마르크스주의, 심지어 또다른 전체주의인 주체사상까지 혼재했던 것이다. 결핍되어 있던 것은 프랑스대혁명과 미국독립전쟁을 이끌었던 자유주의와 민주주의, 그리고 그 토대인 합리적 개인주의였다. '근대성'이라고 표현할 수도 있겠다. 근대를 그냥 뛰어넘고 다음 시기로 갈 수는 없는 것이었기에 지금까지도 우리 사회가 진통을 겪고 있는 것은 아닌지 모르겠다.

20년 만에 돌아온 신림동 고시촌

20년 만에 신림동 고시촌을 걸었다. 새로이 외교관의 꿈을 꾸기 시작했기 때문, 일 리는 없고 사법시험 2차 합격자 200명을 대상으로 하는 강연의 강연자로 초청받았기 때문이다. 대학생들 상대로 두어 번 강연을 해봤지만 사시 2차 합격자 거의 전원을 대상으로 한다니 느낌이 남달랐다. 뻔뻔스럽게도 강연을 할 때면 '생방 체질'을 주장하며 아무 준비 없이 즉흥으로 하고 싶은 이야기를 하곤 한다. 그런데도 무려 백 분을 논스톱으로 떠들었으니 후배들에게 못할 짓을 한 것 같다.

그것도 각고의 노력 끝에 기쁜 소식을 들은 지 이제 24시간도 지나지 않은 이들에게 백 분 중 75분 동안 법조가 왜 사양산업인지, 업무량이 왜 계속 늘어나고 수입은 20년 동안 현상 유지도 못하고 오히려 하락 일변도인지, 진입 장벽을 높이 쌓아놓고 성 안에 들어오면 실제 능력과 노력 이상의 보상(경제학 용어로 지대)을 받던 특권의 시대가 어떻게 끝이 났는지 등을 적나라하게 논스톱으로 이야기했으니 참말로 잔인한 짓을 했다.

그러고서야 뒤늦게 25분 동안 역설적으로 그런 특권, 큰 돈벌이, 대단한 출세에 대한 환상조차 시작부터 가질 수 없는, 평생 노력해야 겨우 안정된 중산층 내지 중간계층 정도를 유지할 수 있는 지금이 개인의 행복이라는 관점에서는 법조인에게 더 유리한 시대일 수 있다는 것을 이야기했다.

판사는 고등부장, 대법관을 목표로, 검사는 검사장, 총장을 목표로, 변호사는 큰 재산 형성 또는 로펌 주요 파트너가 되려는 목표로 눈 가린 경주마처럼 일생을 가정도, 취미도, 친구도, 여가도 없이 승자독식의 무한경쟁을 하던 시대에는 자기 개성의 억제, 경쟁, 낙오, 우울증, 노년의 외로움을 필수적으로 동반했다. 이제는 야심을 가지기 힘든 시대이기에 오히려 미래에 무엇을 이루기 위해 사는 것이 아니라, 지금 각자 소신껏 자기 할 일을 하며 나름의 소소한 행복들을 추구하며 살 수 있다. 스쿠버다이빙 사진전을 여는 변호사, 합창하는 판사, 무협소설 작가인 검사…… 법조인이라는 직업은 나라는 존재의 일부에 불과하다. 법조 내에서 한 줄로 서서 경쟁하고 낙오할 것이 아니라 가족, 친구, 취미를 같이하는 동호인들, 함께 봉사하는 이들, 작지만 다양한 여러 사회 내에서 누구든 필요한 존재, 인정받는 존재로 살 수 있다.

그리고 과거의 특권은 다 사라져가고 있지만, 한 가지 특권은 여전히 남아 있다. 아직도 이 사회의 아주 많은 이들에게 법이란 미지의 공포에 가깝다. 법조인들은 약자를 돕기 위해 자기 일을 포기해야 하는 대단한 희생이 필요 없다. 그저 월급 받고 일하고 자기 행복을 추구하면서도 자기 일에서 5분만 더 고민하고, 말 한 마디만 더 따뜻하게 해주어도 큰 고난의 한가운데서 두려워하고 있는 이들에게 큰 도움을 줄 수 있다. 황송할 만큼 말이다. 세상에 이런 말도 안 되는 특권이 있단 말인가! 근로기준법을 준수하라며 몸에 불을 붙인 전태일은 생전 내게 법을 아는 친구가 한 명만 있다면 얼마나 좋을까 얘기하곤 했다. 법을 공부한 이들은 바로 그 친구가 될 수 있는 것이다. 딱히 인권변호사가 되거나 노동현장에 투신하지 않더라도, 자기 직업에 충실하기만 하다면 도움이 필요한 이들을 마주하게 될 것이기 때문이다.

홀린 듯이 강연을 마치고 나니 돌연 부끄러워졌다. 난 내 행복 추구에는 언제나 전투적이지만, '그 친구'가 되는 일은 자꾸 잊기 때문이다. 어느새 평소 내가 어울리는 이들은 각 분야의 대한민국 1퍼센트들이 대부분이다. 나는 좁은 성 안에 들어와 있는 존재인 것이다. 그걸 부인하면 위선이다. 하지만 최소한 그 안에 갇혀 있는 죄수는 되지 말아야겠다.

강연을 마친 후 20년 만에 신림동 고시촌 골목골목을 걸었다. 인간의 간사함이란. 외국에 온 것처럼 신기했다. 예전보다 많이 해사해졌지만 이 동네의 본질은 변할 리 없다. 미래에 대한 불안, 초조, 욕심, 좌절, 분노, 비뚤어진 욕망, 충족되지 않는 자존감,

과대망상, 성욕, 찌질함. 고시촌의 청춘이란 그런 것이다. 나는 그때 누구보다 더 찌질하고 피폐했다. 내 안 밑바닥 어딘가엔 아직도 고시촌의 쾨쾨한 냄새가 남아 있다.

요즘 강남에선 찾기 힘든 만홧가게를 발견하곤 기쁜 맘에 올라가보았지만 문이 닫혀 있어 아쉬웠다. 『진격의 거인 10』 이후를 읽고 싶었는데. 대신 도서 대여점이 있어 둘러보았다. 삼중 책장 맨 안쪽에 아다치 미츠루의 만화 『터치』가 있었다. 고시생 시절 현실도피, 대리만족을 위해 아다치 미츠루 작품들이나 마츠모토 이즈미의 『새콤달콤 오렌지 로드』, 다카하시 루미코의 『메종일각』 같은 청춘연애 만화에 얼마나 빠져들었는지. 그때 이 만화들은 내게 셰익스피어, 스탕달, D.H.로런스였다. 도서 대여점을 둘러보며 감히 언젠간 이곳 책꽂이에 꽂힐 수 있는 책을 꼭 쓰고 싶다는 생각을 했다. 가장 처절하게 위안이 필요한 이들에게 단 몇 시간의 위안과 즐거움이라도 줄 수 있는 그런……

재미있었던 것은 고시촌에도 무려 '북 카페'가 있었다는 거다! 깔끔하고 널찍했다. 한 가지 독특한 점은 꽂혀 있는 책이 모두 고시 서적이라는 것이었다. 『민법』 『형법』 『행정법』 서적이 가득한 우아한 북 카페였다.

고시촌의 풍경이 변한 것처럼 법조계의 풍경도 분명히 달라지고 있다. 비록 멀리서 보면 변한 것 없어 보이겠지만 가까이에서 보면 변화의 흐름이 보인다. 폐쇄적 특권 집단에서 사회에 필요한 많은 직업군의 하나로. 더디지만 올바른 방향으로 향하는 흐름이다. 인간의 역사는 어떻게 보면 발전하고 있고, 어떻게 보면 제자리를 맴돌고 있다. 무엇에 주목하느냐의 문제라면 나는 이왕이면 발전하는 모습에 주목하고 싶다. 냉소만으로는 아무것도 바꿀 수 없기 때문이다.

2부

타인의 발견

© Gisella Klein

변한 건 세대가 아니라 시대다

사회학자의 눈으로 우리 시대 대학생들의 모습을 그린 오찬호 선생의 『우리는 차별에 찬성합니다—괴물이 된 이십대의 자화상』은 어떤 의미에서는 공포스러운 책이다.

대학 인권 수업시간, 선생이 비정규직 노동자의 정규직 전환 요구 이슈를 제기하자 3분의 2 이상 학생은 이렇게 반응한다. "처우 개선과 정규직 전환은 전혀 별개의 것입니다. 지금 대학생들이 왜 이렇게 고생을 합니까? (…) 그런데 입사할 때는 비정규직으로 채용되었으면서 갑자기 정규직 하겠다고 떼쓰는 것은 정당하지 못한 행위인 것 같습니다." "남들 몇 년씩 어렵게 준비해서 토익 900점 넘기고 어렵게 공사 들어가는데 (…) 정직원을 넘보는 건 도둑놈 심보라고 볼 수 있죠? (…) 정직원 되고 싶으시면 시험을 치고 정정당당하게 들어가십시오."•

저자가 꾸리는 독서토론 모임 대학생들의 용산 참사에 대한 반응은 다음과 같다. "(슬프고 안타깝지만) 그래도 철거민들의 요구가 과했다!" "무작정 떼쓴다고 될 일인가? 내가 얼마나 지금 노력하고 있는데……" "본인이 그렇게 자영업자가 되었다면 건물이 철거당할지도 모르는 위험은 어쩔 수 없이 감수"해야 하는 것 아닌가.•• 이런 반응을 보인 학생들은 2년째 대형마트 지하주차장 안내원 알바중인 학생, 3년째 신문배달하며 취업을 위해 종일 스펙 쌓기중인 지방대생, 토익을 24회나 응시하는 등 온갖 취업 준비에 몰입중인 학생 등이다.

결국 취업을 위해 모든 걸 희생하는 자기통제형 자기계발에 매진하는 이십대는 상상을 초월하는 박탈감과 불안감 속에서 사회적 약자의 고난을 '개인의 노력 부족'으로 돌리며 자신은 그래도 노력하고 있기에 그들보다는 낫다고 구분짓기를 시도하고 있는 것이다. 아무도 이십대들의 고통을 이해해주지 않기 때문에 이들도 그 누구의 고통도 이해할 수 없게 된 것이기도 하다.

수능 점수를 거의 유일한 공정 경쟁의 결과로 받아들여 수능

• 오찬호, 『우리는 차별에 찬성합니다』, 개마고원, 2013, 18~19쪽.
•• 같은 책, 67쪽.

배치표 피라미드에 따른 '학력의 위계화된 질서'에 심각하게 집착한다. '인서울'과 '지방대'에 대한 취업시 차별은 당연한 것이고 지방대도 자기보다 하위권 지방대에 대해 마찬가지 태도를 취한다. 그 배후에는 '타인의 상승'을 원천봉쇄하겠다는 의지가 있다. 대학 서열에 따라 인간의 능력, 태도 자체에 우열관계가 있는 것으로 생각한다. '더 높은 곳'에 있는 학생들이 자신을 멸시하는 것에 문제를 제기하기보다, 스스로 자신보다 '더 낮은 곳'에 있는 학생들을 멸시하는 편을 선택한다.

개인의 성공과 실패에 영향을 미치는 사회 구조 문제를 언급하면 '환경 탓이나 하는 투덜이'로 간주한다. 사회는 어쩔 수 없으니 개인이 변해야 한다는 자기계발 논리의 폐해다.

이 책은 사회학자가 2000장 넘는 학생들의 에세이, 50여 명과의 심층 인터뷰, 강의에서의 토론 등을 토대로 쓴 박사논문을 재구성한 것이다. 책을 읽으며 의문이 들기도 했다. 우선 세대론 자체에 대해 회의적인 편인데다 연구논문을 토대로 했다고는 하지만 이십대 대학생 집단의 가치관을 저 정도로 일반화할 수 있는 것인지부터 여전히 의구심이 생긴다. 물론 일부의 의견에 불과하다 하더라도 책에 나온 인터뷰 결과나 학생들의 발언들만 해도 솔직히 놀랍고, 생각해보아야 할 부분이 너무나 많은 건 사실이다.

마침 이 책 내용과 결이 다른 목소리도 들을 수 있었다. 어느 웹진에 실린 이십대 작가 장예찬의 「그들은 20대의 정치화에 관심이 없다」라는 글이다. 그의 논지는 이렇다. 386세대를 중심으로 하는 선배 세대들은 지금의 이십대들을 '시대정신이 없는 세대' '탈정치화된 세대'라고 부르면서 '토익책 대신 짱돌을 들고 던져라'는 '꼰대질'을 일삼는다. 하지만 그건 지금 이십대가 처한 현실을 정확히 알지 못하고 하는 소리일 뿐이다. 빈곤 청년층은 알바하랴 구직 활동하랴 생존 자체가 급해서 투쟁할 여력이 없다. 반면 그럭저럭 일자리를 구한 청년들은 월급은 적고 미래에 대한 큰 꿈은 없지만, 적은 비용으로 누릴 수 있는 소소한 취미 생활에 만족하면서 저성장시대에 맞게 사는 법을 배우고 있다. 집과 좋은 차는 사지 못해도, 맛집을 찾아다니고 여행을 다니며 즐거워한다. 그럭저럭 즐거운데 왜 꼭 투쟁을 해야 하나?

이 글을 읽으며 일본 사회학자 후루이치 노리토시가 이십대 시절에 쓴 책 『절망의 나라의 행복한 젊은이들』에 나오는 일본 이십대의 사고방식과 많이 비슷하다고 생각했다. 뉴욕타임스 도쿄 지국장이 노리토시에게 "일본 젊은이들은 이처럼 불행한 상황에 처해 있는데 왜 저항하려고 하지 않는 겁니까"라고 묻자, 노리토시는 "왜냐하면, 일본의 젊은이들은 행복하기 때문입니다"라고 답했다고 한다. 그가 말하는 일본 젊은이의 행복은 이렇다. '유니클로나 자라에서 기본 패션 아이템을 구입하고 맥도날드 런치 세트로 식사하며 친구들과 수다 떨고, 집에선 유튜브를 보거나 스카이프 채팅을 하고 가구는 이케아에서 구매, 밤에는 친구 집에서 식사하며 한잔한다. 그리 돈을 들이지 않고도 나름 즐겁다.' Wii나 PSP를 구입할 정도 수입은 있고, 이걸 함께 즐길 수 있는 연인이나 친구가 있다면 대개의 경우 행복하다고 느끼는 것이다.

실제로 오늘날 일본 젊은이들의 행복지수는 근래 40년 중 최고치란다. 이에 대한 한 학자의 해석은 이렇다. 인간은 미래에 더 큰 희망을 걸지 않게 되었을 때 자신의 처지에 만족한다고 답한다. 일본이 지금보다 더 심각한 격차사회, 계급사회가 되면 역설적으로 행복지수 자체는 올라갈 수도 있다. 일본 젊은이들은 고도성장기의 버블이 다 꺼진 지금, 미래에 대한 희망이 별로 없기 때문에 현실에 만족하고 있다는 얘기다.• 결국 일본이든 우리든 지난 시대의 기준을 들이댄 '세대론'으로 현재를 완벽하게 설명하려 드는 건 어리석다. 처한 입장의 차이가 하늘과 땅처럼 다른 다양한 개인들을 '세대'라는 카테고리로 묶는 것이 얼마나 큰 의미가 있을까. 이십대를 괴물이 되어버린 세대로 보는 것도, 모든 것에 달관한 세대로 보는 것도 모두 성급하게 느껴진다. 그저 지금 시대상의 한 단면씩만을 잘라서 보는 것은 아닐는지.

어린 시절부터 과도한 입시경쟁, 취업경쟁에 내몰려야 했던 젊은이들은 노력의 결과가 정당한 평가를 받기를 바란다. 그러다 보니 배타적인 성향을 드러내는 것은 어느 정도 자연스러운 일이

• 후루이치 노리토시, 『절망의 나라의 행복한 젊은이들』, 이언숙 옮김, 민음사, 2014, 25~27쪽.

다. 대학만 졸업하면 학점에 상관없이 대기업에 척척 취업되던 시절과는 비교할 수도 없는 스트레스 속에 사는 젊은이들이 많다보니 위악적인 모습을 드러내는 것도 무리는 아니지 않을까. 또 한편으로는 그 어느 때보다 성적 소수자 인권, 이주 노동자 인권, 환경보호, 사회적기업 등 다양한 공익적 분야에 관심을 갖고 헌신하는 젊은이들 또한 많은 것도 사실이다. 법원 내부에 있는 판사들의 학술 연구모임만 해도 예전에는 기업법이나 지적재산권법 같은 분야에 치중해 있었는데, 최근 법원에 들어온 젊은 판사들은 국제인권법연구회, 젠더법연구회 등에 많이 가입하여 소수자 보호와 관련한 연구 활동을 활발히 벌이고 있다.

소소한 행복을 찾으며 현실에 만족하는 젊은이들이 늘어나는 현상은 세대론보다 모든 생물의 특징인 '적응'의 관점에서 보는 것이 맞지 않을까. 결국 변한 건 세대라기보다 시대다. 인간은 누구나 주어진 여건하에서 행복을 추구한다. 저성장시대에 맞는 생존 전략, 행복 전략을 본능적으로 찾게 되는 것이고, 인간이 행복하고자 하는 것은 타인의 행복을 침해하지 않는 이상 비난받을 일이 아니다. 소소하지만 다양한 행복을 추구하며 타인과의 비교에 집착하지 않는 것은 분명히 현명한 방법이다. 문제는 그것이 지속가능한가다.

시대도 환경도 계속 변화한다. 현재 작은 걸로도 만족하는 이십대도 삼사십대가 되어 지킬 것이 많아지고 침해당하는 것도 많아지면 생각이 달라질 수밖에 없다. 연령별 투표율은 언제나 이십대가 가장 낮고 칠십대가 가장 높았다. 386세대도 이십대 때는 마찬가지로 투표율이 낮았다. 그리고 저성장시대의 초입에서 나름의 행복을 찾았다 해도 급속한 과학기술 발전에 따라 인간의 일자리가 소멸해가는 급변하는 고용 없는 성장의 시대에 그 행복이 계속 유지된다는 보장은 어디에도 없다. 그렇다고 현재에 만족하는 젊은이들에게 멸망의 예언으로 위협하는 카산드라가 설득력이 있을 리는 없다. 트로이 사람들도 믿지 않았다.

중요한 것은 바로 지금 불행하고 비참한 처지에 있는 젊은이들도 있음을 잊지 않는 일일 것이다. 비록 내 친구들, 주변 사람들 중에는 없더라도, 설령 전체 이십대 인구 중 현재에 만족하는 이들이 더 많더라도, 분명히 어떤 젊은이들은 백화점 주차장 바닥에 무릎을 꿇고 모욕을 당하고 있고, 종일 알바 후 1.5평 고시원에 누워 희망 없는 하루를 마감하고 있다. "어떤 사람에게는 눈앞의 보자기만한 시간이 현재이지만, 어떤 사람에게는 조선시대에 노비들이 당했던 고통도 현재다. 미학적이건 정치적이건 한 사람이 지닌 감수성의 질은 그 사람의 현재가 얼마나 두터우냐에 따라 가름될 것만 같다." 황현산 선생의 글이다. 나를 포함해 대부분의 평범한 사람들은 그리 두터운 현재를 갖고 있지는 못하기에 서로 일깨워주려는 노력이 필요하다. 내 주변의 친밀한 세계와 사회라는 커다란 세계를 연결하는 고리가 끊어지지 않도록 말이다.

우리 이웃들이 겪는 현실

남녀노소 불구하고 꼭 보았으면 하는 영화가 있다. 대형마트의 비정규직 계산원, 청소원들이 집단 해고에 맞서 노조를 만들어 싸우는 이야기, 영화 〈카트〉다. '해고' '노조'라는 단어만 보고 부담을 느끼는 사람들이 있던데, 이 영화의 미덕은 '비정규직 노동자들의 투쟁기'일 뿐 아니라, 수학여행비, 급식비를 못 챙겨주는 엄마가 미운 사춘기 아들, 그 아들을 위해 몸이 부서져라 일했는데도 일자리를 잃게 된 엄마, 육아에 시달리는 싱글맘, 마트에서 일하면서도 계속 더 좋은 일자리를 알아보지만 높은 벽만 실감하게 되는 이십대 구직 여성, 하루아침에 일자리를 잃는 비정규직 '여사님'들을 차마 외면할 수 없어 갈등하는 정규직 남자 직원, 즉 우리로부터 결코 멀리 있지 않은 사람들, 이웃들의 이야기라는 점이다. 보편성을 획득하고 있어 울림이 더 크다.

이 영화가 보여주는 여러 갈등은 결코 정치적 목적을 위해 과장하거나 왜곡한 것으로 보기 어렵다. 실제 사건을 토대로 했을뿐

더러, 감독이 실제 이 사회에서 현실적으로 부딪치게 되는 문제들을 신중하게 잘 선별하여 배치했다고 생각한다. 물론, 이 영화가 다 보여주지 못한 '회사측의 입장'도 있을 것이다. 그리고 비정규직 문제, 노동시장 유연화 문제, 기업 구조조정 문제 등은 따뜻한 가슴만으로 해법을 쉽게 찾을 수 있는 문제도 아니다. 해고를 포함한 구조조정이 부득이한 경우도 분명히 많다.

하지만 해법은 냉철한 머리로 찾아야 하더라도, 먼저 그 문제들이 실제 사람들의 삶에 어떤 영향을 끼치는지 생생하게 느껴보는 것과 단지 머리로만 안다고 생각하는 것은 천양지차다. 인건비라는 숫자로만 존재하는 사람들과 그 돈 벌어서 자식 키우며 살아가는 이웃의 얼굴로 떠올리게 되는 사람들은 다르다. 후자를 떠올릴 수 있을 때 '해고 회피 노력' '성실 협의 의무' 등의 말은 비로소 제 의미를 갖게 될 것이다.

염정아, 문정희, 김영애, 김강우, 천우희, 심지어 엑소의 디오 등 낯익은 스타들이 이런 사람들을 연기하고 있다는 것이 관객과의 심리적 간극을 더욱 좁혀준다. 시나리오를 읽고 감동하여 출연료를 대폭 자진 삭감해가며 출연한 배우들이 많다고 한다. 게다가 출연진 모두가 호연이다.

서로의 입장을 이해해야 공감할 수 있다. 일반인들과 동떨어진 삶을 사는 것처럼 보이는 스타 배우들이 사회적 약자를 위한 목소리를 과감하게 내곤 할 때 이를 색안경 끼고 보는 시선이 많다. 하지만 어떤 억측 이전에 예술가 특유의 남다른 공감 능력이 그 이유가 아닐까 싶다. 청룡영화제에서 〈변호인〉으로 여우조연상을 탄 김영애씨가 정작 수상소감을 말할 때 〈카트〉를 언급하며 "처음으로 나름의 사명감을 갖고 촬영에 임했는데 사실 좀 서운하더라", "다른 좋은 영화도 많이 봐주시지만 〈카트〉도 좀 봐주시지, 이런 생각을 하기도 했다"고 말했다. 진심이 담겨 있는 안타까움이었다.

〈카트〉에 나오는 사람들이 겪는 문제는 소수만의 문제가 아니다. 양상을 달리할 뿐 아주 많은 사람들이 부딪칠 수 있는 문제다. 노동 문제는 공장 노동자들의 파업 투쟁이나 크레인 고공농성에만 국한된 것이 아니다. 누구든 직장에서 부당한 대우를 당할 수 있고, 어느 날 갑자기 일자리를 잃을 수 있으며, 아르바이트 후 시급을 못 받을 수 있다. 재판을 하다보면 체불임금 사건이 어찌나 많은지 모른다. 공장 노동자뿐 아니라, 학원강사, 영업사원, 수리기사, 요리사…… 정말 많은 이웃들이 땀흘려 일한 노동의 대가를 받지 못해 법정을 찾는다. 공통적으로 하는 말은 자기가 이런 일로 법정까지 오게 될 줄 미처 몰랐다는 한마디다. 우리 대부분은 노동자다. 판사도 마찬가지다. 노동의 대가로 살아가는 사람은 모두 노동자다. 그래서 노동 문제는 우리 모두의 문제인 것이다. 물에 빠졌을 때 헤엄치는 법을 알아야 살 수 있듯이 노동자의 권리를 알아야 억울한 일을 당했을 때 자신을 지킬 수 있다. 학교에서 가르쳐야 할 생존법이다.

그런 점에서, 이 영화는 좋은 사회교육 교재라고 봐도 좋겠다. 학교에서 학생들과 함께, 가정에서 자녀들과 함께 보면 좋을 영화다. 애들을 국어학원에 보내보니 커리큘럼에 김동인의 「감자」, 조세희의 『난장이가 쏘아 올린 작은 공』, 황석영의 『객지』가 있었다. 물론 꼭 읽어야 할 작품들이지만, 수십 년 전의 빈곤, 노동 문제를 다룬 작품들은 읽히면서 정작 지금 우리 곁에서 벌어지고 있는 더 생생한 이야기들은 시험에 안 나온다고 외면하는 건 온당한 일일까.

필리핀
법관의 눈물

영화 〈국제시장〉에 인상적인 장면이 있다. 동남아 출신 외국인 커플이 커피를 마시고 있는데 고등학생 몇이 이들을 조롱한다. 못사는 나라에서 왔으면 돈이나 벌지 주제넘게 커피를 마시느냐며. 주인공 덕수는 벌컥 화를 내며 학생들을 나무란다. 그리고 파독 광부로 일하던 시절 회상 신이 이어진다. 이 장면을 보며 떠오른 기억이 있다.

필리핀 고위 법관 방문단이 우리 대법원을 방문한 일이 있다. 법원행정처에서 근무하던 나는 환영행사 준비와 강의 일부를 담당했다. 방문단은 대부분 오륙십대의 연륜 있는 법관들로 여성이 많았다. 환영 만찬 때 분위기를 부드럽게 할 가벼운 여흥을 고민하다가 필리핀에 한류 열풍이 대단하다는 기사를 보고 한류 드라마 퀴즈를 준비했다. 〈대장금〉 〈파리의 연인〉 〈가을동화〉 등의 명대사를 영어로 번역한 후, 후배 여판사 한 명과 내가 대사를 하면 필리핀 법관들이 드라마 제목을 맞히는 퀴즈다. "내 안에 너 있다.

네 마음속엔 누가 있는지 모르지만, 내 안엔 너 있다." "사랑? 웃기지 마. 이제 돈으로 사겠어. 얼마면 될까. 얼마면 되겠니!" '발연기'에도 불구하고 의외로 잘들 맞혔다. 여성 법관 두 분이 엄청난 한류 팬이었다. 한국에 오면 '욘사마와 이욘애'를 만날 수 있을 줄 알았다나. 독실한 가톨릭인 이분들이 인근 성당을 묻길래 알려드렸다. 택시를 타시라 권해도 굳이 걸어서 가는 길을 물어보며 한국 택시비는 너무 비싸다고 하셨다. 검소한 분들이구나 생각했다.

개인파산제도 운영 현황에 관한 강의 교재로 내가 파산부 근무 때 쓴 「파산이 뭐길래」라는 글을 영역하여 배부했다. 파산에 이르게 된 이들의 기구한 사연들을 담은 글이다. 그중에는 파산부 판사들이 '젬마의 집'이라는 가정공동체를 방문한 이야기가 있다.

헌신적인 원장님과 선생님들 그리고 네다섯 살부터 초등학생, 몇 명의 중고생까지 여자아이들 20여 명이 서로 의지하며 살아가는 곳이었습니다. 이곳은 부모님이 안 계시거나, 계시지만 경제적인 능력이 없어 아이를 돌보기 힘든 가정의 자녀, 결손가정의 자녀들이 자립할 수 있도록 학교도 다니고 서로 함께 도우며 살아가는 가정공동체입니다.

말로만 듣던 판사 아저씨들이라니, 호기심이 가득하면서도 쭈뼛거리는 아이들. 한 동료 판사가 열심히 준비한 마술 몇 가지를 선보였더니 비로소 환호성이 터지더군요. 선물도 전달하고 다

같이 앉아 피자도 나누어 먹고 서로 인사도 나누었습니다.

그런데 한 아이가 제게 무슨 할말이 있는 듯 머뭇머뭇하기에 할말이 있으면 해보라고 했더니 "판사가 되려면 어떻게 해야 돼요?"라고 묻는 것이었습니다. 시간이 흐르자 한 아이씩, 한 아이씩 제 주변에 둘러앉더니 아이들은 이것저것 물어보고, 또 이야기에 귀를 기울이기 시작하는 것이었습니다. 그러면서 서로 다투어 저에게 질문을 하기 시작하는데, 이 어린 여자아이들이 판사에게 물어본 것은 어떤 것들일까요?

"사채업자가 깡패를 보내서 돈 갚으라고 협박할 때는 어떻게 해야 돼요?"

"교통사고로 사람을 치어 다치게 했는데, 물어줄 돈이 없으면 몇 년이나 감옥에 있어야 해요?"

"사업을 하다가 부도를 내서 감옥에 가면 빚 다 갚을 때까지는 못 나오는 건가요?"

저는 어리석게도 이 작은 집에 흐르는 안온한 분위기와 밝은 아이들의 겉모습만 보고는 아이들이 짊어진, 여느 어른들보다도 가혹한 삶의 무게를 보지 못했던 것입니다. 아이들에게서 가정을, 엄마와 아빠를 빼앗아간 것은 그 무엇도 아닌 바로 돈이었던 것입니다.

정신없이 아이들의 질문에 가능한 한 알기 쉽게 답해주려고 애쓰고 있는데, 아이들 중 가장 어려 보이는 네 살 정도의 아이가 제 주변을 맴돌더니 괜히 제 어깨도 만지작거리고, 눈이 마주치면 웃음을 보였습니다. 언니들이 하는 이야기를 알아들을 나이도 아닌 이 꼬마 아가씨는 여자들만 사는 이 집에서, 기억조차 희미해지는 아빠의 모습을 제게서 찾았던 것은 아닐까요.

그런데 강의를 시작하기도 전에 몇 분이 이 글을 읽으며 펑펑 울어 당황했다. 필리핀에도 이런 아이들이 매우 많다는 것이었다. 며칠이 흘러 일정을 모두 마친 후 환송 만찬이 있었다. 첫날 친해진 나이 지긋한 여성 법관이 내게 넌지시 이날 식사 가격을 묻기에 알려드렸다. 5만 원 정도였을 거다. 그런데 살짝 눈물을 보이기에 이유를 물었다. 이 한 끼 식사 가격으로 고국의 가난한 사람 수십 명이 한 끼를 먹을 수 있어 죄스럽다는 것이었다.

그후 〈강남스타일〉 뮤직비디오 출연으로 유명해진 리틀 싸이 황민우군에 대해 어머니가 베트남 사람이라는 이유로 악플러들의 괴롭힘이 심하다는 기사를 읽으며 그 필리핀 법관의 눈물을 떠올렸다. 〈국제시장〉의 덕수가 젊어 고생하던 시절, 우리나라는 세계 최빈국의 하나였고, 필리핀은 우리보다 훨씬 잘사는 나라였다. 필리핀은 6·25전쟁 당시 참전하여 백 명이 넘는 전사자를 기록한 나라이기도 하다. 베트남도 캄보디아도 결코 우리에 못지않은 오랜 역사와 찬란한 문화적 전통을 가진 나라들이다. 이주노동자들이 늘어나면서 지금의 겉모습만 보고 가난한 이웃을 멸시하는 사람들도 늘어나고 있다. 가난한 것은 부끄러운 일이 아니다. 수치를 모르는 것이 진짜 부끄러운 일이다.

2007년 7월 열아홉 살인 베트남 여성 후안마이가 마흔여섯 살인 한국인 남편에게 무차별 구타당해 갈비뼈 18개가 부러진 채 사체로 발견되었다. 그로부터 6개월 전, 막노동을 하던 남편은 국제결혼 중개업체에 전 재산에 가까운 돈 천만 원을 주고 베트남에 가서는 수많은 여성들 중 후안마이가 한국인과 비교적 비슷하게 생겼다는 이유만으로 단 몇 분 만에 배우자로 선택한 후 당일에 바로 결혼식을 올렸다. 두 사람은 전혀 말이 통하지 않은 채 결혼생활을 했다. 후안마이는 죽기 전날 남편에게 아래와 같은 내용의 베트남어로 된 편지를 남겼다.

저는 당신의 일이 힘들고 지친다는 것을 이해하기에 저도 한 여자로서, 아내로서 나중에 더 좋은 가정과 삶을 위해 최선을 다하고 있어요. 당신은 아세요? 저는 당신과 많은 이야기를 나누고 싶은데, 당신은 왜 제가 한국말을 공부하러 못 가게 하는지 이해할 수가 없어요. 저도 다른 사람들과 같이 대화하고 싶어요. 당신을 잘 시중들기 위하여 당신이 무엇을 먹는지, 무엇을 마시는지 알고 싶어요. 저는 당신이 일을 나가서 무슨 일이 있었는지, 어떤 것을 먹었는지, 건강은 어떤지 또는 잠은 잘 잤는지 물어보고 싶어요. (…) 저는 한국에 와서 당신과 저의 따뜻하고 행복한 삶, 행복한 대화, 삶 속에서 어려운 일들을 만났을 때에 서로 믿고 의지하는 것을 희망해왔지만, 당신은 사소한 일에도 만족하지 못하고 화를 견딜 수 없어하고, 그럴 때마다 이혼을 말하고. 당신처럼 행동하면 어느 누가 서로 편하게 속마음을 말할 수 있겠어요. 당신은 가정을 만든다는 것이 얼마나 큰일이고 한 여성의 삶에 얼마나 큰일인지 모르고 있어요. (…) 물론 제가 당신보다 나이가 많이 어리지만, 결혼에 대한 감정과 생각에 대해서는 이해하고 있어요. 한 사람이 가정을 이루었을 때 누구든지 완벽하지 않다는 것에 대해서는 반드시 이해해야 돼요. (…) 당신은 저와 결혼했지만, 저는 당신이 좋으면 고르고 싫으면 고르지 않을 많은 여자들 중에 함께 서 있었던 사람이었으니까요.

당신은 아세요? 제가 당신과 결혼하기 전에는 호치민 시에서 일을 했어요. 당신이 우리집에 왔을 때 우리집은 많은 어려움을 겪고 있었어요. 저는 가정을 위해서 일을 나가야 했고, 그 일은 매우 힘들었어요. 하지만 봉급은 얼마 못 받았지요. 저는 노동이 필요한 일도 했었어요. 그 일은 매우 힘들었어요. 그것이 가축을 기르는 일이든, 농작을 하는 일이든…… 가족들은 노동일로 벼를 심고 베는 일을 했어요. 베트남에서 그렇게 많은 일을 했어도

입을 것과 먹을 것만 겨우 충당할 수 있었지요. 그래서 제가 한국에 왔을 때에 더이상 바라는 것이 없었고, 단지 당신이 저를 이해해 주는 것만을 바랐을 뿐이에요. 저도 일을 해봤기 때문에 일을 어떻게 하는지 알고 또 그것이 힘들다는 것을 알아요. 하지만 제가 베트남에 돌아가게 돼도 당신을 원망하지 않을 거예요. 저는 당신이 저 말고 당신을 잘 이해해주고 사랑해주는 여자를 만날 기회가 오기를 바라고 있어요. 당신이 잘살고 당신이 꿈꾸는 아름다운 일들이 이루어지길 바라요.

저는 베트남에 돌아가 저를 잘 길러주신 부모님을 위하여 다시 처음처럼 일을 시작하려고 합니다. 저의 희망은 이제 이것뿐이에요. 당신과 전 서로 다른 나라 사람이어서 제가 한국에 왔을 때 대화를 할 사람이 당신뿐이었는데…… 누가 이렇게 될 것이라 생각할 수 있었겠어요. 정말로 하느님이 저에게 장난을 치는 것 같아요. 정말 더이상 무엇을 적을 것이 있고 말할 것이 있겠어요. 당신은 이 글씨 또한 무엇인지도 모르고 이해하지도 못할 것인데요.•

사건 당일, 술에 취해 귀가한 남편은 후안마이가 가방에 여권과 옷을 꾸린 채 외출복 차림으로 있는 것을 보고는 사기결혼을

• 대전고등법원 2008. 1. 23. 선고 2007노425 살인 판결문 중에서 발췌.

당하여 버림받았다는 생각에 격분하여 그녀를 살해했다.

무슨 말이 더 필요하랴. 이 사회에서 이런 일들이 벌어지고 있음을 모르는 것이야말로 수치를 모르는 일 아닐까.

아무리 사실이라 믿어도 함부로 말해선 안 된다

「서울대 게시판의 신림동 비하 논쟁」 기사를 읽었다. 서울대생들의 인터넷 게시판에 '신림역 근처엔 왜 이렇게 질 떨어지는 사람이 많나' '패션과 외모, 머리 모양 등이 전반적으로 저렴해 보인다'는 글이 올라왔다. 이에 '누군가는 이 글을 보며 상처받을 수 있다는 생각을 왜 못 하나' '글쓴이는 왜 나름의 삶을 살아가는 사람들을 송두리째 폄하하는가'라는 비판이 있자, '왜 선비인 척하느냐' '신림역에 모이는 사람들이 저렴하고 불쾌한 느낌을 주는 것은 사실 아니냐'는 반론이 나왔다.

같은 학교 졸업생으로서 무심할 수 없었다. 다만 전제할 것이 있다. 이런 발언들이 마치 서울대생 다수의 의견인 것처럼 받아들이는 것은 왜곡이다. 그리고 '서울대생'의 의견이라고 뭔가 중요한 의미가 있다고 보는 것도 난센스다.

젊은 세대 일부의 사고방식을 엿볼 수 있다는 점이 의미 있다. 먼저 '불쾌한 느낌을 주는 것은 사실 아니냐'는 항변은 요즘 인터넷 일각에서 흔히 보는 '팩트는 팩트다'라거나 '개취(개인 취향) 존중' 운운의 논리다. 그러나 세상일에는 원인과 결과가 있다. 미국 백인 청년이 '슬럼가 흑인이 더럽고 불쾌한 것은 사실 아니냐'고 개인적 의견을 말하는 것은 인간을 노예로 사냥한 역사와 빈부격차, 불평등이라는 맥락에 대한 무지다. 인간 세상에는 하늘에서 뚝 떨어진 가치중립적인 '팩트'란 없다. 그걸 생각한다면 함부로 말할 수 있을까.

더 심각한 것은 '왜 선비인 척하느냐'는 한마디다. 요즘 인터넷에는 '선비질'이라는 용어가 횡행한다. '선비'가 모멸적 용어인 세상이다. 위선 떨지 말라는 뜻이다. 속시원한 본능의 배설은 찬양받고, 이를 경계하는 목소리는 위선과 가식으로 증오받는다. 그러나 본능을 자제하는 것이 문명이다. 저열한 본능을 당당히 내뱉는 위악이 위선보다 나은 것이 도대체 무엇인가? 위선이 싫다며 날것의 본능에 시민권을 부여하면 어떤 세상이 될까.

1차대전 패전 후 독일인들은 막대한 배상금 부담에 시달렸다. 이때 나치들은 사상의 자유, 표현의 자유를 주장하며 유대인의 열등함, 사악함이 모든 문제의 원흉이며 아리아인의 우수성이 '팩트'라는 우생학까지 주장했다. 그들 마음속 심연에는 지금의 고통을 남의 탓으로 돌리고 자존감을 회복하고 싶은 충동이 있었다. 결국 성실하고 착한 가장들이 이웃들을 대량학살하고 그 피하지방으로 비누를 만들었다. 그게 우리 인간의 악한 본성이다. 여성 차별, 흑인 차별, 이민자 증오…… 우리의 본성은 전자발찌를 채워야 할 상습 전과자다. 그래서 우리는 끊임없이 서로에게 '선비질'을 해야 한다.

생각해보면 후배 세대의 위악은 선배 세대인 나 같은 사람들의 위선이 낳은 것이다. 열린 교육과 인간화를 주장하며 뒤로는 내 자식만 잘되라고 선행학습이라는 이름의 조직적 커닝을 시키느라 고전을 읽고 인간과 사회에 대해 고민할 시간을 주지 않았다. 권위주의와 싸운다는 명분으로 막말과 냉소가 주는 쾌락에 도취했고, 그 결과 진보와 보수라는 탈을 쓴 반지성주의가 적대적 공생관계를 맺는 인터넷 생태계를 만들어냈다. 후배들에게 사과한다. 기득권은 다 누린 주제에 극심한 경쟁과 불투명한 미래에 좌절하는 후배들을 싸잡아 욕하는 선배의 일원이기에 말이다.

말이 흉기다

──────── 사람이 사람을 살해하는 주된 동기는 과연 무엇일까. 재판 경험에 비춰보면 의외로 '자존심'이 원인인 경우가 많다. 건설 현장에서 숙식하는 노동자가 자고 있는 동료를 칼로 찔러 살해한 사건이 있었다. 살해 동기는 말 한마디였다. 저녁 때 소주를 마시다가 피해자가 피고인에게 특정 지역 출신 촌놈이라고 놀렸다. 다 같이 힘든 삶을 사는 처지면서 좀더 가난한 지역 출신이라고 놀린 것이다. 그만두라고 해도 반복적으로 놀리자 모욕감에 시달리다 일을 저질렀다.

40년 해로하던 노부부가 있었다. 평소 유순하고 소심하던 남편이 아내를 살해했다. 이유는 사소한 말다툼 중 '개눈깔'이라고 내뱉은 아내의 말 때문이다. 어린 시절 사고로 눈 한쪽을 잃고 모진 놀림에 시달렸던 그에게 그 한마디는 흉기였다. 이처럼 누구에게나 자기만의 급소가 있다. 그리고 그것을 찌르는 흉기는 바로 '말'이다.

특히 인터넷은 그 흉기를 죄의식 없이 휘둘러대는 전쟁터다.

단지 주목받고 싶다는 이유만으로 고통받는 이들에게 심각한 상처를 줄 수 있는 모욕을 가하는 일들이 연이어 벌어지고 있다. 미국인들은 소수자, 사회적 약자에 대한 증오 발언에 대해 사회적 제재를 가한다. 한 NBA 구단주는 여자친구에게 전화로 "흑인과 함께 내 경기장에 오지 마라"고 말한 사실이 알려져 영구퇴출당하고 구단을 매각했다. 표현의 자유에도 한계가 있는 것이다.

법관들도 말에 대해 주의하고 반성하기 위해 전문가의 강의를 듣는다. 그때 배운 것이 있다. 데이의 「세 황금문」이다. 누구나 말하기 전에 세 문을 거쳐야 한다. '그것이 참말인가?' '그것이 필요한 말인가?' '그것이 친절한 말인가?'

흔히들 첫번째 질문만 생각한다. 살집이 좀 있는 사람에게 '뚱뚱하다'고 말하는 것은 거짓이 아니다. 그러나 참말이기는 하지만 굳이 입 밖에 낼 필요는 없는 말이다. 사실 필요한 말이 아니면 하지 말라는 두번째 문만 잘 지켜도 대부분의 잘못은 막을 수 있다. 우리는 얼마나 자주 필요 없는 말로 남에게 상처를 주며 살아가고 있는지……

더 나아가 진심으로 친구의 비만을 걱정해 충고하고 싶다면 말을 잘 골라서 '친절하게' 해야 한다. 옳은 충고도 '싸가지 없이' 하면 상대의 마음을 움직일 수 없다. 진심이 담긴 필요한 말이라고 해도 배려심 없이 내뱉으면 그것이 진실이기 때문에 더 상대에게 깊은 상처를 줄 수도 있다.

법조인들의 말은 더더욱 무서운 흉기가 될 수 있다. 검찰에서 강도 높은 조사를 받고 귀가한 후 굴욕감에 자살하는 비극적인 사례가 여러 번 발생했다. 최종심판자인 법관의 말은 더 무섭다. "늙으면 죽어야지" 등의 막말만 문제가 아니다. 피고인 앞에서 재판 기록을 뒤적거리며 무심코 하는 혼잣말 한마디도 피고인에게는 청천벽력이다. 그래서 법정에서는 불필요한 말은 단 한마디도 금물이다. 요즘은 동료 법관의 재판을 서로 교대로 방청하며 자신의 재판을 돌아보게 하는 법정 모니터링 기회가 많다. 다른 판사의 재판을 방청석에서 지켜보니 나조차도 높은 법대 위에 앉은 판사의 표정 하나에도 위축되는 느낌이었다. 한번은 판사가 "주소보정 아직도 안 하셨네요. 일부러 안 하시는 건가요?"라고 내뱉으면서 신경질적으로 서류를 휙휙 넘기자 당사자가 어쩔 줄 몰라하며 연신 몇 번이나 죄송하다고 하는 모습을 보았다. 판사는 일이 많다보니 순간 짜증 섞인 말을 한 것에 불과하더라도, 법대 밑에서 이를 듣는 당사자에게는 판사에게 밉보여서 불이익을 받을 것 같은 공포심을 충분히 줄 수 있음을 새삼 느꼈다. 절차적으로 필요한 말을 할 때도 표정이나 말투를 더 부드럽게, 친절하게 해야겠다는 다짐을 하는 계기가 되었다.

우리가 서로에게 '말'이라는 무시무시한 흉기를 무신경하게 휘둘러대는 대신 조금만 더 자제하고 조금만 더 친절할 수만 있다면, 세상은 훨씬 평화로운 곳이 될 것이다.

인천의 비극

2014년, 내가 근무하는 인천에 비극적인 두 사건이 있었다. 먼저 7월, 전세로 살던 집이 경매되어 쫓겨날 처지에 놓인 장애인 가장이 아내와 두 아이를 남겨놓은 채 분신자살했다. 그리고 10월, 15평짜리 낡은 빌라에서 일가족 세 명이 '마이너스 인생으로 살다 간다'는 유서를 남긴 채 연탄을 피워놓고 동반자살했다. 두 죽음은 동전의 양면이다.

장애인 가장은 담보 많은 33평 주택에 2500만 원으로 전세를 들어갔다가 두 달 만에 경매를 당했다. 인천에 이런 사건이 급증하고 있다. 아시안게임 유치 등으로 집값 상승 기대심리가 있자 대출과 전세를 끼고 소형 다가구주택을 구매하는 투자자들이 늘었다. 하지만 반짝 상승 후 집값은 하향 일변도였고, 대출금이 집값을 초과하는 일명 깡통주택이 속출했다. 경매를 피할 수 없는 이런 집들만 전문적으로 중개하는 업자들이 전봇대에 싼 집 광고를 붙여댄다. 서민들이 솔깃하여 찾아가면 2000만 원 정도의 소액 보증금은 법적으로 무조건 최우선 변제되니 걱정 말라며 안심시킨다. 전세 들어갈 때는 집값이 대출금과 전세금을 합친 것보다 높다가 나중에 집값이 떨어져 경매된 경우에는 이 말이 맞다. 하지만 전세 당시에 이미 기존 채무가 집값을 넘어 경매가 예상되는데도 시세보다 훨씬 싸게 세를 들어간 경우, 사해행위 취소라는 제도로 인해 우선권이 무효화되어 전세금을 날릴 수 있다. 그 와중에 중개업자는 수백만 원의 수수료를 챙기고, 집주인은 어차피 경매될 집에서 얼마라도 빼낸다.

집주인들도 절박한 처지다. 연탄을 피워 동반자살한 가족이 그중 하나다. 폐기물 업체에서 일하다 경매투자를 시작했다. 경매받은 집을 담보로 대출을 받아 다른 집을 또 경매받는 것을 반복하다보니 무려 빌라 15채를 보유하게 되었다. 하지만 기대와 달리 집값은 바닥을 모르고 떨어져 다 팔아도 대출금도 못 갚게 되었다. 마이너스 통장으로 이자를 갚으며 버텨보았지만 남은 건 파국뿐.

이 두 사건에 관하여 어리석다, 욕심이 과했다는 비난의 목소리도 많다. 맞다. 어리석다. 하지만 우리 인간은 원래 어리석은 존재다. 특히 희망 앞에서 눈이 어두워진다. 반지하 단칸방을 전전하다가 아이들에게 햇볕 들어오는 방을 줄 수 있다는 희망 앞에 가장은 눈이 멀고 만다. 나도 한번 잘살아보고 싶다는 희망에 눈이 먼 일개미는 상투를 잡고서도 집값이 영원히 오를 거라 믿는다. 첫 투자에 돈이 물리고도 다음 투자로 만회해보려다 수렁에 더 깊이 빠져든다. 희망에 눈이 먼 개미끼리 폭탄을 돌리고 있다. 재판을 하며 이런 비극을 숱하게 본다. 당신께만 특별히 알려주는 고급 정보라며 속삭이는 귓속말에 일개미들은 나비가 되어 비상할 것을 꿈꾸며 눈이 먼다. 하지만 누군가가 나에게 한사코 권하는 것은 그 누군가에게 이익이 되는 일이고, 나에게 이익이 되는 일은 남들이 한사코 감추고 있는 게 세상의 비정한 이치다. 이런 세상에서 불에 홀려 다가가는 부나비들을 어리석다 비웃고만 있으면 될까. 불에 덮개를 씌워 더이상 타죽지 않게 해야 하지 않을까.

절망으로 끝나는 글은 쓰고 싶지 않다. 어리석더라도 작은 희망의 불씨라도 보고 싶다. 분신한 장애인 가장의 전세금은 금융기관이 대승적으로 소를 취하하여 유족에게 돌아갔다. 그 소송을 담당한 판사는 부담스러울 수 있는 입장인데도 이런 비극이 다시 없을 수만 있다면 상관없다며 이 사건을 널리 알리는 데 적극적이었다. 유사 사건을 담당하는 판사들의 의견을 모아 공인중개사협회 인천지부 간부들과 간담회를 열고 문제점을 정리한 자료를 전달했다. 참석자들은 문제점을 회원들에게 적극 교육하고 일부 탈선 중개업자들의 비행을 막도록 애쓰겠다고 다짐했다. 한 참석자의 말씀이 고마웠다. "인천에 더이상 이런 비극이 없도록 하겠습니다."

그리고 인천지방법원은 관련 소송에 단골로 등장하며 깡통주택 관련 브로커로 의심되는 사람들 관련 자료를 인천지검에 제공했다. 검찰수사 결과, 이들은 조직적인 사기단에 가까웠다. 노숙인 등을 내세워 깡통주택을 매입한 뒤 이를 담보로 금융기관으로부터 10억여 원을 대출받는 한편, 소액 임차인들을 모집하여 이들로부터 7억여 원의 전세보증금을 가로챘다. 검찰은 주범 9명을 사기 등의 혐의로 구속 기소하고, 범행에 가담한 부동산 대출 브로커 25명, 공인중개사 5명, 법무사 3명 등 53명도 같은 혐의 등으로 불구속기소했다.

소 잃고 외양간 고치기라도 좋다. 더이상 무고한 이들을 잃지 않을 수만 있다면.

증인에 대한 예의

아내가 남편을 죽게 한 사건이 있었다. 그것이 고의인지 실수인지가 문제였다. 어느 쪽이든 지옥도인 것은 매한가지였다. 가정폭력, 알코올중독, 어린 친딸에 대한 추행. 이 가정의 지옥도를 밝혀내지 않고는 사건의 본질을 밝힐 수 없었다. 문제는 유일한 증인이 일곱 살 딸아이라는 점이었다.

증인신청서를 받아들고 고민했다. 엄마가 아빠를 죽게 한 사건의 증인으로 불러 아빠가 평소 엄마와 자신에게 어떤 일을 저질렀는지 대답하게 하는 것, 그 자체가 폭력 아닌가. 하지만 검사, 변호인 모두 달리 방법이 없단다. 결국, 이모가 보호하고 있는 아이를 증인으로 부를 수밖에 없었다. 고민하고, 또 고민했다. 미국의 아동피해자 증언 매뉴얼을 찾아 읽어보았다. 참고는 되었지만, 정답은 없었다. 검사, 변호인에게 솔직히 고민을 토로하고 협조를 구했다. 그래도 불안했다.

드디어 증언 날, 법정이 아닌 소파가 있는 넓은 방에서 비공

개로 재판을 열었다. 판사, 검사 모두 법복을 벗고 사복으로 갈아입었다. 임신부였던 검사는 법복을 벗자 옆집 아이 엄마 같았다. 판사실 여직원은 정성스레 아이가 좋아할 만한 과자와 초콜릿을 소복이 담아놓았다. 이모가 아이를 데리고 들어왔다. "안녕? 여기 아저씨, 아줌마들이 궁금한 게 있대. 우리 과자 먹으면서 얘기 좀 할래?" "네!" 뜻밖에도 아이는 밝고 해맑았다. 자기가 처한 비극의 의미를 이해하기에는 아직 어렸다.

검사와 변호인의 질문이 시작되었다. 그런데 그렇게 치열하게 다투던 양측이 모두 준비한 질문을 꿀꺽 삼키고 참는 것이 보였다. 고마웠다. 무사히 증언을 마치고, 아이를 잠시 내보낸 후 이모에게 아이 엄마가 아이를 잠깐이라도 보고 싶다는데 괜찮겠는지 물었다. 피고인은 죄수복을 벗고 예쁜 사복을 입고 법정에서 대기하고 있었다. 이모는 반대했다. 엄마가 아파서 멀리 병원에 가 있다고 했는데, 지금 만나게 하면 애가 혼란스러워한다는 것이 이유였다.

그 뜻을 존중했다. 싸준 과자를 잔뜩 들고 신나서 아이가 돌아간 후 법정에서 기다리던 피고인에게 전말을 이야기해주었다.

피고인은 소리 없이 눈물만 흘렸다.

국가가 갖출 예의

——————　약 3년 전 부장판사로 승진하며 서울에서 광주로 내려가 형사재판장을 맡게 되었다. 미제 사건을 체크하다보니 5·18 관련 재심 사건들이 있었다. 당시 이미 전국적으로 여러 건의 5·18 재심 사건에서 무죄가 선고되어 대법원에서 확정된 상태였다. 5·18특별법도 제정되어 있고 대법원의 결론도 이미 확립되어 있어서 사건 기록만 검찰에서 송부되어오면 검토 후 곧바로 무죄를 선고하고 검찰도 항소하지 않는 상황이었다. 그런데 다른 곳도 아닌 광주에서 재심이 개시되고도 일 년이 넘도록 아무 진행도 되지 않은 사건들이 있었다. 재심 대상인 사건 기록이 이를 보관하고 있는 검찰에서 아직 송부되지 않았기 때문이다.

공판 검사를 통해 조속히 기록을 보내줄 것을 요구했다. 30년 전 기록이라 찾는 데 시간이 걸리고 있다는 답이 돌아왔다. 두세 달이 지났다. 이번에는 조속히 기록을 찾아 보내줄 것을 요청하는 공문을 정식으로 발송했다. 찾고 있다는 답만 돌아온 채 또 한 달

두 달 시간이 흘렀다. 생각 끝에 기록 찾는 일을 하는 검찰측 실무자를 수소문하여 직접 통화했다. 옛날 기록들이 사건번호순으로 정리되어 있지 않아서 일일이 기록 무더기를 뒤져서 찾는 중이란다. 힘들겠지만 재심을 신청하고 하염없이 기다리고 있는 분들의 심정을 헤아려 조금만 더 노력해달라고 부탁했다. 한 달여가 더 흐른 후, 드디어 기록들이 도착했다. 실무자가 연일 야근해가며 먼지 쌓인 기록창고를 뒤지고 뒤진 결과였다. 곧바로 재판을 열어 무죄를 선고하기 시작했다.

그런데, 마지막 한 건이 고민이었다. 5·18 이틀 전까지 전남대 총학생회장으로서 민주화를 요구하는 집회와 시위를 주도했다는 이유로 1심에서 징역 5년을 선고받고 항소심 진행중에 옥중 사망한 분의 재심 사건이었다. 고인의 88세 부친이 신청한 사건이다. 문제는 항소심 진행중에 피고인이 사망하여 공소기각 결정이 있으면 1심 판결의 효력이 상실된다는 점이다. 법상 유죄의 확정판결이 있는 경우에만 재심을 개시하도록 되어 있어 이 사건은 재심 대상 자체가 없다는 이유로 재심청구 기각결정을 할 수밖에 없었다.

재판부가 함께 고민한 끝에 결정문 전반부는 다른 재심 사건 판결들과 동일하게 대법원 판결을 인용하며 시작했다. 이 부분에 관한 대한민국 사법부의 판단은 확립되어 있다.

전두환 등이 1979. 12. 12. 군사반란 이후 1980. 5. 17. 비상계엄 확대 선포를 시작으로 1981. 1. 24. 비상계엄의 해제에 이르기까지 행한 일련의 행위는 헌정질서를 파괴하는 범죄로서 형법상 내란죄에 해당하므로(대법원 1997. 4. 17. 선고 96도3376 전원합의체 판결), 피고인의 위 공소사실 기재와 같은 행위는 전두환 등의 헌정질서 파괴 범행을 저지하거나 반대하는 행위로서 헌법의 존립과 헌정질서를 수호하기 위한 형법 제20조의 정당행위라고 할 것이어서, 피고인에 대한 이 사건 공소사실은 일응 범죄가 되지 아니하므로 형사소송법 제325조 전단에 의하여 무죄에 해당한다 할 것이다.

이어서 결정문 후반부에 내용적으로는 이처럼 무죄에 해당하지만 법률상 이러이러한 절차적 이유로 기각할 수밖에 없다는 설명을 덧붙였다.

기각결정문은 판결처럼 법정에서 선고하는 것도 아니고 우편으로 보내게 되어 있다. 고민해서 쓰기는 했으나 법조인 아니고는 무슨 소리인지 이해하기도 어려운 소리에 불과했다. 직원을 통해 설명드리도록 할까 생각하다가, 결국 재판장인 내가 직접 유족들께 전화해 내용을 설명드렸다. 최대한 상세히 말씀드리기는 했지만 자괴감이 들었다. 할 수 있는 일은 이 정도뿐이었다. 이런다고 유족분들의 한이 조금이라도 풀릴 리가 있겠는가. 이런 조치들이 부적절했다고 비난하실 분들도 있을지 모르겠다. 몇 줄짜리 형식적인 기각결정문을 작성하여 우편으로 보내고 마는 것이 법 규정대로의 처리인지도 모른다. 하지만 그건 예의가 아닌 것 같았다. 국가가 갖출 예의 말이다.

딸 잃은 아비를
스스로 죽게 할 순 없다

딸아이가 네 살 때다. 열이 나서 해열제를 먹였는데 열이 내릴 기미를 보이지 않았다. 처음엔 그저 감기인 줄만 알았다. 그러다 아이 눈에 초점이 없어지고 말을 시켜도 알아듣지 못했다. 덜컥 겁이 나서 아이를 들쳐업고 병원 응급실로 달려갔다. 체온은 어느새 40도를 넘나들고 있었다. 의사 선생은 흔한 열 경기라고 했지만 그 말이 귀에 들어오지 않았다. 아이는 총기를 잃은 큰 눈망울로 인형처럼 멍한 상태로 있었다. 귀에 대고 소리를 질러도 반응이 없고, 몸을 꼬집고 때려도 아무 반응 없이 입맛만 다셨다. 아내 앞에서 겉으론 침착한 척하고 있었지만 다리가 후들후들 떨려왔다. 태어나서 그보다 무서운 순간은 없었다. 병원의 처치 방법도 물찜질뿐이었다. 애 온몸을 닦고 또 닦았다. 신앙을 가져본 적이 없는 주제에 누구일지 모를 절대자에게 하염없이 기원했다. 제발 살려만 주십사고.

열이 내리고도 한참을 반응 없이 잠만 자던 딸애는 갑자기 거짓말처럼 눈을 깜박이며 엄마 아빠를 찾았다. 아이가 태어난 순간보다 더 기뻤다. 호두 껍데기 속 엄지공주의 세계 같은 혼자만의 세계에서 걸어나와 엄마 아빠에게 돌아와준 것 같았다. 집으로 돌아오며 떠올린 이야기가 있다. 인도의 한 왕이 숲으로 사냥을 갔다가 예쁜 아기 사슴을 발견하고는 활을 쏴 명중시켰다. 그런데 활을 맞지도 않은 어미 사슴이 죽은 아기 사슴 옆에서 슬피 울다가 갑자기 쓰러져 죽었다. 이상하게 생각한 왕이 어미 사슴의 배를 갈라보니 창자가 조각조각 찢겨 있었다. 왕은 두 사슴을 고이 묻어주고 다시는 사냥을 하지 않았다. 어릴 때 읽은 이야기다. 이 이야기의 뜻도 알고 있다고 생각했다. 하지만 사실은 하나도 모르고 있었다는 것을 그날에서야 비로소 알게 되었다.

이때 기억을 유민이 아버지의 움푹 패여 뼈만 남은 다리와 나뭇가지처럼 앙상한 팔 사진을 보며 다시 떠올렸다. 딸아이가 시퍼런 물속에 잠겨가는 것을 지켜봐야 하는 아비의 심정은 차마 상상할 수조차 없다. 우리 조국의 수도 한가운데서 그 아비가 하루하루 죽음을 향해 가고 있는 것을 온 국민이 지켜보아야 했다. 그때 우리 모두는 한마음이었다. 아이를 잃은 부모의 마음이었다. 무슨 여야의 구분이 있었을까. 모두가 같이 울었고 같이 분노했다. 그런데 지금 누구는 스스로 죽어가고 있고, 누구는 그 옆에 와서 빨리 죽어버리라고 저주하고 있다. 왜 우리는 여기까지 왔을까.

대립 당사자의 분쟁을 매일 보는 판사로서 어느 한쪽만 옳은 경우는 아직 보지 못했다. 이 지경까지 온 데는 모두에게 책임이 있다. 공격이 공격을 부르고, 불신이 불신을 낳다보면 가족도 이웃도 원수가 된다. 재판에서 분쟁을 해결하는 실마리는 상호 비난을 자제하고 본질적인 문제로 돌아가는 것이다. 당시만 해도 우리 모두는 한마음으로 이런 비극이 다시는 일어나지 않도록 원인을 밝히자고 동의했다. 그런데 한낱 원인을 밝히는 '방법'에 대한 세세한 의견 차이 때문에 한 아비가 죽어가는 것을 지켜보고만 있다. '원칙'을 훼손할 수 없다는 이야기도 나온다. 그러나 같은 것을 같게, 다른 것을 다르게 하는 것이 정의다. 원칙을 생명으로 하는 법도 꼭 필요한 경우에는 예외를 인정한다.

광주지방법원은 이 사건 재판을 앞두고 이례적으로 전문가를 불러 심각한 충격 상태에 있는 유족들의 심리 상태를 이해하고 배려할 수 있도록 사전 교육을 받았다. 대법원은 긴급히 규칙을 개정하여 광주 재판을 안산지원에 생중계했다. 광주의 재판부는 생존 학생들의 증언을 듣기 위해 안산으로 찾아갔다. 담당 검사들은 학생들이 두려워하지 않도록 미리 학교에 찾아가 언니 오빠처럼 친밀하게 절차를 설명해주었다. 재판 후 유족측 변호사는 학생들을 대신해 감사의 글을 SNS에 올렸다. 이런 노력의 이유는 이 사건이 예외적인 사건이기 때문이다. 눈앞에서 자기 아이들이 산 채로 숨져가는 것을 집단적으로 장시간 지켜봐야 했던 사건이다. 어느 나라의 법률가든 이런 경우 혹시나 모를 후속 비극의 방지를 최우선적 목표로 보고 예외적인 절차적 배려를 할 것이다.

물론 예외적인 배려는 절차에 국한된 것이고, 결론은 원칙에서 벗어날 수 없다. 법관의 사명은 그 어떤 피고인에게도 자신을 방어할 권리를 보장해주는 것이다. 국민과 함께 공분하는 것을 경계하고, 엄정하게 증거로 입증되는 사실에 따라 판단해야 한다. 그 결과로 국민의 분노가 법원을 불태운다 해도 말이다. 분노가 결론의 엄정함을 좌우한다면, 이는 문명국가로서의 이 나라의 침몰을 의미하기 때문이다.

모두가 공유했던 그 마음으로 돌아갈 수만 있다면 분명히 서로 대화할 여지가 있을 것이다. 모든 비본질적인 논쟁은 치우고, 한 가지 질문에 집중하자. 딸아이를 그렇게 잃은 아비가 스스로 죽어가는 것을 무심히 같이 지켜보기만 한 후 이 사회는 더이상 '사회'로서 존립할 수 있을까.

문학의 힘

순문학 작품들은 장르소설 같은 즉각적인 몰입이나 인문학, 사회과학 서적처럼 직접적인 정보를 제공하지는 않는다. 그래서 나이 먹어가며 점점 순문학에서 멀어진 느낌이다. 그건 마음의 여유가 없어졌다는 말일지 모르겠다. 책 읽는 시간도 한정된 자원이라고 생각하여 책을 통해 세상에 대한 새로운 지식을 빠르게 얻거나 아니면 즉각적인 재미를 얻길 원하는 거다. 온통 문학에만 탐닉했던 소년 시절에는 그런 조바심 따위 없었는데.

긴 겨울밤이 이어지던 날, 서가 구석구석에 처박혀 있던 소설들을 넘겨보았다. 뭐랄까, '문학 근육'이 쇠약해져 있음을 느낀다. 장편이 잘 읽히지 않는다. 주변적인 사색이나 묘사가 이어지는 도입부는 어느 정도 탁월하지 않은 이상 남의 일기장 보는 느낌이 들어 흥미를 잃는다. 그러던 중 선물받은 계간지 『문학동네』 2014년 겨울호에 실린 단편소설들을 읽었다. 다 좋은 작품들이었지만 특히 김영하 「아이를 찾습니다」, 김훈 「영자」, 천명관 「퇴근」, 성석제 「블랙박스」가 좋았다.

그중에서도 김영하 작품의 울림이 컸다. 마트에서 잃어버린 아들을 찾느라 지옥 같은 11년을 보낸 젊은 부부의 삶에 갑자기 아들이 돌아온다. 그리고 비로소 이야기가 시작된다. 아이를 잃어버린 부모라는 소재는 그리 드문 게 아니다. 그런데 사라졌던 아이가 긴 시간이 흐른 후 돌아온 상황을 구체적으로 상상해본 사람은 별로 없을 듯하다. 그건 결코 해피엔딩이 아니라 새로운 지옥의 시작일 수도 있는 거다. 이미 자아 형성 과정에서 아이는 다른 사람의 아이가 되어버렸고, 자식과 함께할 유소년기의 소중한 시간은 소실되었다. 결말이 작위적이라는 비판도 있을 수 있겠지만, 난 좋았다. 숨쉴 공간을 남겨주어서 말이다.

김훈 작품은 고시텔에서 동거하는 노량진 9급 공무원시험 준비생들의 이야기인데, 김훈의 기자 시절 글이 연상되었다. 황량한 고시촌의 풍경과 고시생들의 내면 묘사가 뛰어나다. 대충 지나가지 않고 최대한 구체적으로 묘사하되 군더더기나 감상은 배제한 단문들이 이어진다. 서사보다 묘사가 오히려 더 몰입도가 높았다. 묘사가 이 정도로 수준 높다면 장르소설의 서사 이상으로 몰입이 된다.

좋은 단편을 찾아 읽는 것은 쇠약해진 '문학 근육' 단련에 좋은 듯하다. 문학적 감수성은 누구에게나 필요하지만 법관에게는 더더욱 필요하다. 심리학이든 다른 어떤 학문이든 결국 인간의 여러 특성 중 범주화할 수 있는 보편성을 추출해서 보여준다. 문학은 그보다 훨씬 풍부하게 인간의 개별성, 예외성, 비합리성을 체험하게 해준다. 후자에 대한 이해 내지 상상력 없이 이루어지는 재판은 침대 길이에 맞춰 인간의 신체를 절단하는 프로크루스테스의 침대로 전락할 수 있다.

문학은 겉으로 드러나는 세계에 머물지 않고 인간의 숨기고 싶은 속내 깊숙한 곳을 파헤쳐 보여주곤 한다. 문학이 보여주는 인간 세상의 민낯은 전형적이지 않다. 작가들은 뻔하고 예측가능한 것에 관심이 없다. 그들은 충동적이고, 불가해하고, 모순 덩어리인 인간 마음의 꿈틀거림을 묘사하는 것에 몰두한다. 그리고 그 관찰의 주된 재료는 작가 자신의 내면일 것이다. 어린 시절부터 자신의 마음을 스쳐갔던 온갖 미묘한 감정과 충동들. 질투, 선망, 욕정, 열등감, 우월감, 증오, 살의…… 자신을 주어로 하여 털어놓기는 어려운 날것의 내면적 충동들을 재료로 상상력을 가미하고 증폭, 변형하여 등장인물들의 내면을 창조해낸다.

인간 행위를 기술하는 방식에는 문학 이외에 육하원칙이 지배하는 신문기사가 있다. 두 방식에는 큰 차이가 있다. 인간이 저지르는 사건은 결국 인간 내면의 작용인데, 기자들은 주로 외형적 행위와 그 결과에만 치중하고 내면의 동기는 돈, 욕정, 복수심 등으로 간명하게 유형화하곤 한다. 사람들은 복잡한 사건을 쉽게 이해하길 원하고, 누가 나쁜 놈이고 누가 착한 놈인지 누구에게 분노하면 되는지 결론부터 알려주기를 성마르게 재촉하기 때문이다. 대중의 분노는 즉각적이고 선명한 정의를 요구한다. 그러나 유감스럽게도 법관으로 일해온 경험에 비춰보면 실제 인간 세계에서 벌어지는 일들 중 상당수는 인과관계도, 동기도, 선악 구분도 명확하지 않다. 신문기사처럼 몇 문장으로 쉽게 설명하기 어려운 일이 참으로 많다. 그래서 흔히들 생각하는 것과 달리 냉정한 '팩트' 집합으로 보이는 신문기사보다 주관적인 내면고백 덩어리로 보이는 문학이 실제 인간이 저지르는 일들을 더 잘 설명해줄 때가 많다. 작가는 최소한 자기 자신이라는 한 인간의 심층적인 내면세계를 관찰해서 쓰기 때문이다. 물론, 좋은 작가일 경우의 이야기지만 말이다.

무라카미 하루키는 옴진리교 사린가스 살포 사건에 관한 르포 『언더그라운드』를 쓰며 피해자는 물론 가해자인 옴진리교 신자들도 인터뷰했다. 예상 밖으로 신자 중에 명문대 출신의 연구원 등 이공계 출신이 많았다. 소설가여서일지는 모르지만 하루키는 '픽션'을 읽어본 경험의 부재가 엘리트 과학도를 광신도로 만들었다고 분석했다. 검증된 법칙과 데이터의 세계에서만 살던 이가 아사하라 쇼코(옴진리교 교주)처럼 통상적인 사고의 범주를 넘어선 예외적 인간의 극단적인 상상력과 조우했을 때 오히려 쉽게 무너질 수 있는 것이다. 협소한 상식에만 갇혀 있는 인간은 비상식의 세계를 이해하지 못하기에 인간과 세상을 깊이 이해하는 데 실패하기 십상이다. 아무리 첨단 과학이 발달해도 여전히 더 많은 문학이 필요한 이유다.

실제로 세상을 바꾸는 사람들

마음은 과학이 분석할 수 없는 대상이라고 생각하기 쉽다. 하지만 현대 심리학, 뇌과학은 꿈을 해석하던 프로이트 시대를 넘어선 지 오래다. 물질세계를 다루는 과학 분야의 비약적인 발전처럼 인간 마음의 작동 원리에 관한 실증적인 연구 또한 놀랍도록 진화되어왔다.

인간의 본성을 진화심리학으로 탐구하는 스티븐 핑커, 인간 마음의 작동 원리를 토대로 행동경제학을 발전시켜 노벨경제학상을 수상한 대니얼 카너먼, 보수주의자와 진보주의자의 도덕감정의 차이를 실증적으로 분석한 조너선 하이트, 프레임이라는 인간 심리의 작동 기제를 토대로 미국 현실 정치에서 민주당이 패하고 있는 이유를 분석하여 오바마 당선을 도운 조지 레이코프, 역시 인간 심리의 작동 기제에 관한 과학을 토대로 저항감 없이 인간 행동을 바꾸는 '넛지' 방식의 자유주의적 개입주의를 주창하고 실제로 오바마 행정부에서 규제개혁 책임자로 자기 이론을 현실에 반영한 캐스 선스타인. 이들의 책은 인간과 사회를 과학적으로 이해하고자 하는 이들이라면 당연히 읽어야 할 필독서가 되었고, 마케팅, 정치, 사회사업 등의 여러 분야에서 이미 활발히 활용되고 있다. 이런 새로운 조류를 멀리하면서 20세기 전반의 낡은 이데올로기만 되뇌며 사회에 대해 말하는 이들은 갈릴레이 시대에 천동설에 집착하는 셈이다. 물론 이러한 과학 역시 인간의 전부를 설명하지는 못하지만, 그 기본적인 구조와 경향성을 설명해준다. 개별 인간의 복잡다양함을 이해하기 위해서는 인문학적 사유가 필요하니 결국 인간을 이해하려면 과학과 인문학의 두 날개가 모두 필요한 셈이다.

현대 심리학이 밝힌 인간 마음의 작동 원리를 토대로 실제로 세상을 더 낫게 바꾸는 사람들의 사례를 모아놓은 책이 있다. 칩 히스, 댄 히스 형제가 쓴 『스위치』다. 이들이 이론적 토대로 삼은 것은 심리학자 조너선 하이트의 연구 결과들이다. 하이트는 인간의 감성적 직관적 측면이 거대한 코끼리라면 이성적 측면은 거기 올라탄 작은 기수라고 비유한다. 진행 방향과 관련하여 코끼리와 기수의 의견이 불일치할 때면 언제나 코끼리가 이긴다. 이성적인 기수가 제발 하지 말라고 뜯어말리는 일을 코끼리는 선입견에 따라 조건반사적으로 저지르곤 한다. 이것은 대니얼 카너먼이 말하는 우리 뇌 속에서 벌어지는 시스템1과 시스템2, 즉 자동으로 작동하는 직관과 합리적 추론의 분업을 비유로 쉽게 설명하는 장치이기도 하다. 비합리적으로 보이는 코끼리가 훨씬 강력한 엔진이고 합리적인 기수는 보조적인 제어장치 역할을 하도록 진화한 이유는 그게 효율적인 생존장치니까 당연한 일이다. 합리적 추론은 결과적으로 옳을 가능성은 높지만 시간을 필요로 한다. 숲에서 사냥할 때 어른거리는 그림자가 먹이인지 맹수인지 0.1초 내에 판단하지 못하면 죽는다. 신속하고 패턴화된 판단장치가 필요한 것이다. 그에 따라 인간은 익숙한 것에 끌리고 새로운 것, 즉 타자를 경계한다. 논리 이전에 감성적으로 우리 편이라는 편안함을 주지 않으면 배척장치가 발동한다. 사람의 마음을 먼저 얻어야 한다는 옛말은 경험적인 과학인 것이다.

미국의 두 보건연구원이 미국인들로 하여금 더 건강한 식생활을 영위하도록 설득할 방법을 찾고 있었다. 막연한 계도는 효과가 없다. 그들은 신문과 방송을 통해 지방 1퍼센트 우유를 구입하자는 캠페인을 전개했다. 광고를 통해 일반 우유 한 잔에는 베이컨 다섯 줄에 든 것과 같은 양의 포화지방이 함유되어 있다는 사실을 강조하고, 기자회견을 열어 기자들에게 지방이 가득 담긴 유리관을 보여주며 일반 우유 반 갤런에 들어 있는 지방의 양과 같다고 밝혔다. 시각적으로 역겹다는 반응을 이끌어내어 코끼리를 자극하기 위한 시도다. 캠페인 후 저지방 우유의 시장 점유율은 두 배로 뛰었다.

세이브더칠드런에 근무하는 제리 스터닌은 1990년 베트남

빈곤 아동들의 영양실조를 퇴치하는 임무를 수행하기 위해 베트남에 도착했다. 영양실조에는 다양한 구조적 문제가 엉켜 있었다. 위생설비가 형편없고 깨끗한 물이 부족했으며 사람들은 영양실조에 대해 무지했다. 스터닌이 보기에 이런 분석은 모두 'TBU(true but useless, 사실이지만 쓸모없는)'에 불과했다. 영양실조로 당장 죽어가는 수백만 명 아이들이 구조적 문제가 해결되기를 기다릴 수 있겠는가. 그는 근본 원인 대신 곧바로 개선가능한 방법을 찾았다. 현지 마을을 돌며 극빈층 아이들 가운데 보통 아이들보다 몸집이 크고 건강한 아이들을 찾아냈다. 그리고 그 가정들을 방문하여 왜 그런지 다른 점을 관찰했다. 먼저 그런 가정들은 전체 식사량은 다른 가난한 집들과 마찬가지지만 두 번에 나누어 식사하는 대신 아이들에게 네 번에 걸쳐 조금씩 나누어 식사를 제공했다. 영양실조에 걸린 아이들의 위는 많은 음식을 한꺼번에 소화시킬 수 없기 때문에 더 나은 방법이었다. 그러는 한편 어머니들은 논에서 작은 새우와 게를 잡아와 아이들의 밥에 섞어 먹였고, 형편없는 음식으로 취급되는 고구마 잎까지 섞어 먹이고 있었다. 이 때문에 아이들은 단백질과 비타민을 보충하고 있었다.

스터닌은 알아낸 방법을 규칙으로 만들어 지도하는 대신 매일 열 가구씩 모여서 함께 식사를 준비하게 하는 프로그램을 고안했다. 어머니들은 비누로 손을 씻은 다음 새우와 게, 고구마 잎으로 요리를 했다. 말이 아닌 행동으로 이런 식습관이 지역사회에 퍼지도록 한 것이다. 그리고 이 방법이 이 고장 고유의 지혜임을 강조했다. '코끼리'는 본능적으로 외부에서 들여온 해결책에 대하여 배타적이기 때문이다. 그리고 어머니들의 본능적인 모성애라는 코끼리에게 말을 걸었다. 이렇게 간단한 방법으로 아이를 건강하게 만들 수 있다고. 그리고 기수에게는 명확하고 구체적인 음식 준비 프로그램을 교육한 것이다. 일부 어머니들이 프로그램에 참여하기 시작하자 다른 어머니들도 그것을 따라야 한다는 사회적 압력을 느꼈다. 6개월 후, 마을 아이들 중 65퍼센트의 영양 상태가 개선되었다. 그리고 이 모델은 베트남 전역에 퍼져서 220만 명이 이 프로그램을 실행했다.

첨예하게 의견이 양극화되어 있던 사안에서 극적인 변화가 생기는 일도 있다. 2015년 6월 26일, 미국 연방대법원의 '동성결혼 합법화' 결정이 그 좋은 예다. 이런 큰 변화의 배후에는 그 사회 구성원들의 생각의 변화가 존재한다. 미국 내 동성결혼 지지율은 십 년 사이에 37퍼센트에서 60퍼센트로 대폭 상승했다. 선진국 중 가장 보수적인 기독교 국가로 꼽히는 미국에서 어떻게 이런 변화가 생긴 것일까? 여러 분석들이 존재하는데, 시사주간지 〈이코노미스트〉는 2008년 공화당의 대선 패배를 그 주된 이유로 보았다. 대선 패배로 인해 그동안 묻혀 있던 당내 이견들이 수면 위로 올라온 것이다. 2010년 공화당 전국의장 출신 켄 멜먼이 동성결혼 지지 캠페인을 시작했고, 청년층의 표를 잃지 않으려면 당이 이 사안에 대해 입장을 바꿔야 한다는 목소리가 나오기 시작했다. 이런 당내 분위기가 공화당 지지자들의 입장을 바꿨고, 공화당 지지자들 사이에서 동성결혼에 대한 지지율이 대폭 상승하는 계기가 되었다.

〈이코노미스트〉는 이런 현상을 조너선 하이트의 이론을 빌려 설명한다. 하이트에 의하면, 사람들은 도덕적 판단을 하는 데 있어 자신이 속한 사회집단의 의견에 의존하는 경향이 강한데, 만일 집단 내의 도덕적 입장이 빠르게 변했다면 이는 자신이 속한 집단에서 다른 의견이 용인된다는 신호를 받았기 때문이라는 것이다. 의견이 명백히 나뉘는 사안에서 반대되는 입장의 상대방을 설득한다는 것은 거의 불가능하며, 반대 의견을 듣고 나면 오히려 기존의 신념을 강화한다는 것이 심리학계의 정설이지만, 비슷한 의견을 가진 집단 내부에 균열이 생기면 집단 전체가 마음을 바꾸는 일도 벌어질 수 있다.

이 이야기에서 우리는 많은 것을 배울 수 있다. 실제로 의미 있는 변화를 도출하는 것은 생각이 비슷한 사람들 사이에서 열광적인 환영을 받는 과격한 목소리들이 아니다. 이는 오히려 반대 의견을 가진 집단의 반발과 결속만 강하게 만들어 의견의 양극화를 심화시킬 뿐이다. 한 진영 내부에 생기는 작은 균열에서 변화의 지점이 생겨난다. 그리고 이 균열을 만드는 것은 같은 진영 내의 온건하고 합리적인 사람들이 흔들릴 수밖에 없는, 작고 부드러운 '다른' 목소리들이다. 작은 균열들이 생기기 시작하면 선거와 같은 큰 세력 다툼의 시기를 전후하여 집단 내부에 극적인 변화가 일어날 가능성이 생긴다.

실제로 세상을 바꾸는 사람들은 코끼리를 먼저 정확히 이해하고, 그것과 맞서 싸우기보다 슬쩍 다른 길로 유도하는 방법을 택했다. 거창하고 근본적인 해결책만 고집하지 않고 당장 개선가능한 작은 방법들을 바로 적용했고, 작지만 끊임없이 균열을 일으켰다. 영웅은 이런 사람들이 아닐까.

장그래에게
기회를!

———————— 드라마 〈미생〉은 커다란 화제가 되었다. 나도 마눌님과 같이 열심히 봤다. 영화 〈변호인〉에서도 처절한 연기를 펼쳤던 배우 임시완은 '주눅 든 연기'계의 메시라고나 할까. 치수 큰 양복을 입은 몸무게 57킬로그램의 가냘픈 임시완이 분한 장그래의 자신 없는 말투와 고개 숙인 모습을 보며 아내는 이미 모성애를 가동시켰다. 어느새 나조차 눈물이 핑 도는 걸 어쩔 수 없었다. "열심히 하지 않은 것은 아니지만 내가 열심히 하지 않은 걸로 하겠다"는 장그래의 가치관은 따져보면 모든 걸 개인의 책임으로 돌리는 잔혹한 논리이고 절대로 사회적으로 찬양되어서는 안 될 위험한 이데올로기다(누가 좋아할 논리겠는가). 그러나 저 말은 온몸을 내던지며 사회의 장벽에 맞서 싸워온 이가 자기 자신을 추스리며 했던 다짐이기에 정서적으로는 충분히 공감할 수 있었다.

나뿐 아니라 전국의 많은 시청자가 고졸 계약직 장그래의 도전을 응원하고, 그가 부딪치는 벽에 분노했다. 특기가 노력이라고 대답할 정도로 최선을 다하는 사람은 누구든 응원받을 자격이 있다. 그리고 노력뿐 아니라 결과로써 능력을 증명했는데도 기회를 박탈하는 시스템은 분노의 대상이 되어 마땅하다. 현실도 드라마와 그리 다르지 않다. 대기업 임원과 중간간부들을 대상으로 〈미생〉 캐릭터 중 부하직원으로 선호하는 사람을 묻는 기사를 봤다. 대다수가 파마머리 김대리를 꼽았다. 무난하고 원만하기 때문이란다. 장그래같이 판을 흔드는 아이디어를 불쑥 내곤 하는 부하는 부담스럽단다. 그 이전에 대기업 사무직으로 아무 스펙 없는 고졸을 뽑을 가능성 자체가 없다니 뭐……

물론 장그래는 평범하지 않다. 스펙은 없지만 직관이 뛰어나고 운도 따른다. 노력과 열망 자체도 보기 드문 재능이다. 현실에는 그중 아무것도 갖지 못한 '미생'들이 더 많고, 사회는 이들에게 더 관심을 기울여야 한다. 장그래 같은 이들에게 기회를 주는 건 사회적으로도 의미가 있다. 이 사회에 공정한 기회가 있다는 메시지를 주기 때문이다. 그래야 노력하고 결과에 승복한다.

장그래를 막는 학벌의 벽은 왜 존재할까. 먼저 학력이 인재를 평가하는 안전한 방식이라고 여겨져서다. 개개인의 다양한 능력을 정확하게 평가하는 건 쉽지 않은 일이다. 입시경쟁의 승자라는 징표가 우수한 두뇌, 성실성, 인내심을 증명한다고 보고 거기에 만족하는 것이다. 대체로 맞을 수도 있다. 그런데 최고 스펙 집단의 일원으로 살아온 자로서 고백하건대, 스펙은 '탁월함'까지 증명하지 못한다. 수많은 법조인이 일하는 걸 봤고, 파산부에서 대기업 임직원들을 관리했고, 조정위원들을 직접 선발했다. 내가 본 최고로 감동적인 재판을 하는 판사, 가장 수완 좋고 유능한 파산관재인과 임원, 최고의 분쟁해결 능력을 보인 조정위원은 모두 소위 '스카이' 출신이 아니었다. 실제 사회에서 문제를 해결하는 데 필요한 능력은 다양했고, 그 능력의 차이는 생각보다 훨씬 컸다. 당연한 거다. 대학 입시용 평가 시스템은 대학 공부를 할 만한 일반적인 능력을 평가하는 것이니 연구직, 대학교수 및 이에 유사한 직업은 몰라도 사회의 다양한 일을 잘해낼 능력을 평가할 수 있는 만능 도구가 아니다.

기업은 더할 것이다. 그런데 이미 자리를 차지한 이들이 벽을 강화한다. 기존 임직원들은 자신과 동질적인 존재가 편하고 선후배의 위계질서에 편입시키기 좋다. 이윤 극대화라는 기업 목표의 관점에서 보면 일종의 대리인 비용(기업 주체와 대리인과의 이해 상충으로 인하여 발생하는 비용)이다. 사실 기업의 학벌 타령은 사회적 배려와 공정성 이전에 효율성 차원에서 어리석다고 본다. 판을 흔드는 아이디어를 불쑥 내는 부하를 효율적으로 활용하여 성과를 극대화하는 것이 관리자들의 할 일이다. 그게 부담스러운 관리자는 무능한 거니까 그쪽이 나가야 하고. 학벌 타령은 이 글로벌 경쟁 시대에 우리 기업이 아직 배가 덜 고프다는 증거다.

소위 '오너 경영자'들은 뭐하는 걸까. 이런 벽을 과감히 깨고 패러다임을 바꾸기는커녕 회사에 손해 끼치는 일만 벌이고 있다면 왜 그들이 필요한 걸까.

경영자야말로 능력이 있어야 한다. 인재를 알아보는 능력, 그 인재가 능력을 발휘하는 것을 방해하는 조직 내 관료주의의 벽을 부수는 능력. 그리고 더 중요한 능력이 있다. 사람들로 하여금 꿈을 꾸게 하는 능력이다.

십 년 전 서울중앙지법 파산부에 근무한 적이 있다. 아직 외환위기의 여파가 남아 있어 굵직한 대기업 몇 군데가 법정관리 상태였다. 회생에 성공하거나 파산하는 기업들의 생사를 가른 요인들 중 가장 기억에 남는 건 '경영자의 자세'였다.

한 전자제품 회사의 경우다. 우선 사건이 접수되면 대표자 심문부터 진행하는데, 임원들을 거느리고 들어오는 대표이사의 위용이 대단했다. 안경, 손목시계, 만년필까지 금빛으로 번쩍번쩍했다. 그의 첫마디는 대수롭지 않은 '일시적' 자금경색으로 법원에 폐를 끼치게 되어 죄송하다는 것이었다. 사과의 대상이 임금체불 중인 근로자들, 연쇄부도 위기에 놓인 영세 납품업체들이 아니라 법원이었다. 질문을 시작했다. 운전자금 조달 계획, 매출 추정의 근거, 적지 않은 대표이사 가지급금 내역. 그런데 답변은 대부분, "실무자가 답변 드리도록 하겠습니다"였다. 임원의 입만 쳐다보는 그를 보며 이 기업의 운명을 예감할 수 있었다. 국밥집조차 주인이 가게에 늘 나와 있는 집과 그렇지 않은 집의 맛은 천양지차다. 결국 이 기업은 파산했다.

한 IT기업의 경우에는 세계 최초라며 자사의 제품들을 자랑하기에 그 매출액을 물었더니 0원이었다. 그럼 도대체 장부에 나오는 매출은 뭐란 말인가. 알고 보니 일본 제품을 수입하여 공공기관에 납품하는 것이 전부였다. 결국 요란한 신기술 제품들은 정부지원금을 받기 위해 모양만 갖춘 것이었다. 조립 비용도 안 되는 연구개발비로 세계 최초 기술을 양산하고 있다는 게 믿기지 않아 캐물은 결과다. 대표이사는 퇴직 공무원이었다. 인맥 장사가 전부인 그에게 기업의 미래에 대한 비전은 없었다.

반대의 경우도 있었다. 작은 해상운송업체였다. 대표이사는 나의 온갖 질문에 대해 회사의 약점까지도 솔직하게 털어놓았다. 마무리하려는데 잠시만 기회를 달라고 하더니 프레젠테이션을 하기 시작했다. 남북관계, 한중러관계의 현황과 전망을 분석하는 것을 시작으로, 항로를 다변화하여 미래에는 러시아 철도와 연결시켜 유라시아 대륙을 관통하겠다는 회사의 장대한 비전, 이를 위한 실행 계획과 구체적 진척 상황을 설명했다. 물론 법원은 이 모든 주장을 곧이곧대로 믿지 않는다. 회계법인을 통해 실사작업을 벌이고 보수적으로 평가했다. 그사이에 대표이사는 금융기관, 거래업체, 직원들을 모두 설득하여 동의를 얻어냈다. 내심 놀라면서도 납득했다. 결국 모두 사람이 하는 일이다. 현재에 굳건히 두 발을 딛고 서 있으되 눈은 미래를 바라보며 빛나는 기업가를 보면 함께 꿈꾸고 싶어지는 것이 인지상정이기 때문이다.

이런 능력도 의지도 없는 사람이 부모 잘 만나 경영자의 막중한 책임을 물려받고, 학벌과 연줄로 자리를 차지한 중간관리자들은 일생 파벌 다툼이나 하며 진입장벽을 쌓고, 장그래 같은 젊은 인재들을 소모품으로만 쓰고 버리는 기업들에게 미래가 있을까. 물론 '미국식 능력주의meritocracy'가 만병통치약은 아니고, 거기서 소외되는 평범한 사람들도 모두 사회에서 제 역할을 하고 자긍심을 가질 수 있어야 한다. 하지만 자본주의를 할 거면 우선 제대로 된 자본주의부터 하면서 그다음도 고민해야 하지 않을까. 다양한 능력들이 각기 다른 기준을 통해 정확하게 평가받고 보상받는 자본주의 말이다.

조정 달인의 비결

———— 법정은 전쟁터다. 상대는 인간 말종 사기꾼이고 나는 순결하고 억울한 희생자다. 법정에 억울하지 않은 사람은 단 한 사람도 없다. 그런 전쟁터에서 판사나 조정위원의 중재하에 대화를 나눈 후 서로 한 발씩 물러나 합의서에 사인하고 소송을 끝내는 기적 같은 일이 있다. 이것을 조정 절차라고 한다. 내가 현재 인천지방법원에서 맡고 있는 일이 조정 활성화를 위해 조정위원을 발굴하고, 적재적소에 조정 사건을 배당하고, 조정 기법을 전파하는 일이다.

살펴보니 한 젊은 판사의 조정 성공률이 무려 80퍼센트를 넘어서고 있었다. 대단한 일이지만 걱정도 되었다. 만의 하나 판결문 쓰는 부담을 덜고 많은 사건을 빠르게 처리하기 위해 조정을 강요하는 것은 아닐까. 당사자를 위한 조정이어야지 판사를 위한 조정이어서는 안 된다. 일말의 의심을 감춘 채 그를 만나 비결을 물었다. 이후 그의 법정을 경험한 변호사들, 당사자들의 의견을 들으며 검증했다. 그리고 법관 세미나 자리에서 그의 '비결'을 발표하도록 설득했다. 그의 '비결인 듯 비결 아닌 비결 같은' 발표는 이렇다.

당사자를 '○○○님'이라고 부른다. 판사가 이렇게 부르면 곧 서로 그렇게 부르게 된다.

재판 시작 때 첫인사를 이렇게 한다. "제가 어떻게 도와드리면 될까요?"

원고가 얼마나 화가 났을지, 피고가 얼마나 좌절했을지 충분히 이해함을 말과 행동으로 표현한다.

당사자의 고통을 경청한다. "어느 부분이 제일 억울하세요?"

긍정적 분위기를 만든다. "잘 해결될 겁니다. 너무 걱정 마세요."

믿음을 준다. "저는 원고도 모르고 피고도 모릅니다. 사건을 상세히 말씀해주시면 제가 올바르게 판단하겠습니다."

당사자는 이성적이기 힘들다. 분쟁에서 감정을 분리하고 얽매여 있는 명분을 내려놓도록 설득한다.

당사자의 주장에 대해 '그러나but'로 답하기보다 '그리고and'로 답한다.

판결문을 쓸 때와 마찬가지로 사건 기록을 꼼꼼히 검토하고 메모한다. 참고할 판례를 찾으면 당사자들에게 나눠주고 투명하게 설명한다.

조정 전날 밤에는 꼭 기도한다. '고통받는 이들을 도울 수 있는 힘을 주소서.'

이웃 노인들끼리 고소까지 해가며 오래 싸워온 사건의 현장검증 기일에서 한쪽이 "내 저놈을 칼로 찔러 죽이고 싶습니다"라고 고함을 쳤단다. 그러자 그가 한 말, "가슴속에 칼을 품고 계시니 스스로 그 칼에 찔려 다치시는 겁니다". 결국 현장검증중에 조정이 성립되어 싸움이 끝났다고 한다.

가슴속에 칼을 품고 있어 다치고 피 흘리는 많은 이에게 이런 기적이 찾아오기를 기원한다. 이런 기적을 낳고 있는 조정 달인 판사, 그는 '스카이' 출신도 아니고, 사법고시와 사법연수원 성적이 최상위권도 아니고, 어린 나이에 소년등과한 사람도 아니다. 하지만 그는 내가 본 법관 중 가장 감동적인 재판을 하는 능력자였다.

이 조정 달인의 비결이 무엇일까 생각하다 떠오른 기억이 있다. 내가 십여 년 전 첫 지방 근무를 하던 때의 일이다. 서울에서는 배석판사만 하다가 지방에 내려가 삼십대 초반의 젊은 나이에 처음으로 형사 단독 재판장을 맡게 되었다. 내 손으로 분쟁을 멋지게 해결하겠다는 의욕이 좀 과한 시기여서 재판 전날에는 법정에서 어떤 말을 할지 구상하느라 잠을 설치곤 했다. 그러던 어느 날, 특이한 사건을 맡게 되었다. 같은 성씨 사람들이 모여 사는 집성촌 사람들 열 명 정도가 서로를 상해죄 등으로 고소한 사건이었다. 이웃이자 친척인 사람들 사이에 오래된 토지의 경계를 놓고 다툼이 벌어지던 중, 한 사람이 자기 땅을 지나 이웃 땅으로 가는 물길을 막아버린 것이 발단이었다. 산골에서 밭농사를 짓는 데 금쪽같은 물길을 막으니 싸움이 커질 수밖에 없었다. 결국 온 마을이 두 패로 갈려 대립하던 중에 막걸리를 거나하게 걸친 오륙십대 분들이 주먹다짐을 벌인 것이다.

크게 다친 사람은 없으니 보통 벌금 몇 십만 원씩 부과하고 끝내면 될 사건이었지만, 그렇게 마무리하기는 싫었다. 특별 기일을 지정하여 마을 사람 수십 명을 모두 나오도록 하고는 민법상 상린관계에 관한 규정(인접한 토지 사이의 이용을 조절하는 규정), 논문, 판례 등을 샅샅이 찾으며 물길 이용관계에 관한 결론을 정리했다. 자료를 잔뜩 들고 법정에 들어가서는 마을 분들에게 한참 동안 내가 검토한 내용을 설명하며 열변을 토했다. 한 시간 가까이 지나자 나이 지긋한 국선변호인이 조용히 손을 들었다. 충분히 이해했을 테니 이제 마을 사람들끼리 얘기할 시간을 달라는 것이었다. 그리하여 변호인 주재하에 마을 사람들끼리 더 얘기를 하도록 하고 나는 자리를 떠났다.

다음날, 변호인이 기쁜 소식을 알려주었다. 마을 사람들 모두 오해를 풀고 화해하여 서로에 대한 고소 고발은 물론 별도로 제기했던 민사소송까지 모두 취하했다는 것이다. 그렇다고 무죄가 되는 것은 아니니 처벌은 해야 했지만 벌금도 낼 필요 없도록 형을 선고유예하는 가장 가벼운 처분으로 마무리했다. 뿌듯했다.

지방 근무를 마치고 서울로 돌아올 무렵, 그 국선변호인이 인사차 들렀다. 그 사건이 생각나서 내가 정리한 결론대로 물길 사용 문제가 정리되었는지 물었다. 변호인은 망설이다가 씩 웃더니, 사실 그때 내가 장황하게 설명한 법리며 판례 등은 아무도 제대로 알아듣지 못했고, 나중엔 아예 듣지도 않았다고 했다. 아니, 그럼 그날 도대체 어떻게 해결된 것이었냐고 물었다. 그랬더니 그날 내가 나간 후, 침묵이 흐르다가 노인 한 분이 일어나셔서는 "서울서 온 젊은 사람이 저리 애쓰는데, 이거 동네 망신 아니오? 그만합시다" 그러시더란다. 다들 끄덕끄덕하더니 그만 거짓말처럼 서로 악수하고 눈물 흘리며 모든 게 해결되었단다.

결국 사람들은 스스로 문제를 해결할 능력을 가지고 있었다. 내가 감히 대단한 명답을 제시해 분쟁을 해결했다는 생각은 착각일 뿐이었다. 누구의 편도 들지 않는 중립적인 사람이 멍석만 깔아주면 되는 거였다. 하지만 그 중립성에 대한 신뢰를 얻기는 아주 어렵고, 잃기는 아주 쉽다. 오직 진심만이 그 신뢰를 얻는 열쇠일 것이다. 조정 달인의 비결은 아마도 이것이었던 것 같다.

서른아홉 살 인턴

법원에 매일 출근해 조정 업무를 담당할 상근 조정위원 선발을 위해 고심했다. 경력 많은 변호사, 소년등과한 젊은 변호사 사이에 눈에 띄는 이력서가 있었다. 서른아홉 살에 사법연수원을 졸업한 그는 산골 출신이다. 농림 공무원으로 잠시 일하기도 했다.

그의 인생을 바꾼 일은 군복무 시절에 일어났다. 공장에서 일하던 어머니가 합판을 롤러로 뽑아내는 일을 하다 손목을 절단당했다. 어머니는 그가 탈영할까봐 알리지 않았다. 그는 휴가를 나왔다가 어머니의 잘린 손을 보았다. 그는 법서를 공부해가며 책임을 회피하는 공장측과 협상을 벌여 보상금을 받아냈다. 공대 졸업 후 진로에 대한 고민이 많던 그는 이 일을 겪으며 법조인이 되기로 결심했다.

결혼한 상태에서 다시 법대에 들어가 7년 도전 끝에 사시에 합격한 그는 여덟 살 딸의 아빠다. 스펙 좋은 젊은이가 넘치는데 로펌에서 늦깎이를 찾을 리 없다. 그는 일자리를 찾는 가장이다. 하지만 동정심으로 공무를 맡길 수는 없는 일이다. 내가 주목한 부분은 따로 있다. 인턴에 해당하는 법원 시보試補 기간에 다른 연수생은 보통 경험 삼아 한두 건의 조정 사건을 맡아 처리한다. 그는 판사들을 찾아가 사건을 달라고 졸라 무려 23건의 사건을 원만하게 처리했고 성공률도 높았다. 대화를 해보니 다른 후보들보다 대화의 기술도 나았다. 모험을 하기로 했다. 두 달간 기회를 주고 좋은 실적을 보이면 정식으로 일을 맡기기로 했다.

이런 모험을 한 데는 또다른 이유도 있다. 경험 많고 잘나가는 변호사들에게 조정 사건을 맡기면 사건에 한 시간 이상도 투입하지 않는 경우가 많았다. 시간을 낼 여유도 없고, 사건 처리에 대한 인센티브도 약한 것이다. 조정은 상당한 시간과 노력을 투입해야 하는 감정노동이다. 결국 당사자를 감동시켜 원만한 합의로 이끄는 데는 인내심이 절대적으로 요구된다. 잘나가는 변호사보다 일자리를 찾는 가장인 초짜 변호사가 더 헌신적으로 일할 가능성이 높다. '절박함'에 베팅한 것이다.

테스트 기간에 쉽지 않은 의료 사건을 맡겨보았다. 병원 상대로 수술의 잘못을 주장하며 손해배상을 구하는 사건이다. 감정의 골이 깊다. 2년 넘게 끈 분쟁이다. 그는 몇 시간씩 쌍방의 이야기를 들으며 여러 번 대화를 한 끝에 합의안을 제시했다. 쌍방이 더 고민해보기로 하고 돌아간 다음날, 그는 피해자로부터 장문의 이

메일을 받았다. 2년 넘도록 자기 이야기에 끝까지 귀기울여준 이는 그가 처음이었기에 결과에 관계없이 감사드린다는 내용이었다.

테스트 기간 두 달이 지났다. 그의 조정 성공률은 74퍼센트였다. 평균적인 조정위원들의 성공률은 30~40퍼센트다. 이제 그는 정식 상근 조정위원으로 일 년째 근무하고 있다. 일 년 동안의 조정 성공률은 70퍼센트다. 수치가 문제가 아니다. 포기하지 않고 열정적으로 합리적인 해결방안을 찾으려 노력하는 그를 보며 감복한 당사자들이 감사의 표시를 한 일이 몇 번인지 모를 정도다. 그를 보며 늘 배운다. 행운이다.

'머니볼'로 구성한 어벤저스 군단

바로 앞의 글에 등장하는 서른아홉 살 인턴은 내가 인천지방법원에서 조직한 조정위원단 중의 한 명이다. 이 조정위원단을 구축하고 운영하는 과정에서 인간 세상에 실제로 필요한 능력은 다양하구나, 그 능력들이 제자리를 찾아 활약할 수 있다면 참으로 기적 같은 일들을 해낼 수 있구나 하고 실감한 경험이 있다. 다소 길 수 있지만 그 깨달음의 과정을 이야기해보려 한다.

2013년에 처음 인천지법 조정담당판사 직책을 맡았을 때, 인천에는 아직 전문적인 조정위원단 시스템이 구성되어 있지 못했다. 과거부터 200명 정도의 조정위원들로 구성된 조정위원회가 존재하긴 했으나 한 해에 처리하는 사건이 많지 않아 전문성이 배양되지 못하고 있었다.

일반 재판부에서 재판으로 진행하던 사건 중 조정으로 해결할 가능성이 있는 사건들을 내가 관리하는 조정전담부로 회부하면 조정위원에게 사건을 배정하여 해결하고, 해결하지 못하면 다시 돌려보내서 재판을 속행하는 구조인데, 일반 재판부 법관들은 조정전담부에 사건을 보내도 처리 기간만 길어지지 성공률이 높지 않다고 생각하여 사건 회부에 소극적이었다.

내가 맡은 역할은 일종의 분쟁 해결 분야의 하도급업자 내지 아웃소싱업체 CEO인 셈이었다. 조정의 필요성은 높았다. 재판은 힘들게 이기더라도 항소심에 항소하고, 다시 항소심 판결에 대해 대법원에 상고할 수 있다. 그에 비해 조정 절차에서 원만한 합의가 이루어져서 조정이 성립되면 확정판결과 같은 효력이 있고 누구도 더이상 다투지 못하고 사건이 바로 종결된다. 삼세판 대 원스톱 서비스인 셈이다. 길고 고통스러운 송사로 시달리는 사건 당사자들을 일찍 해방시켜서 생업으로 복귀시킬 수 있다. 또 조정은 기본적으로 당사자 사이의 합의이기 때문에 재판보다 훨씬 융통성 있는 해결이 가능하다.

조정위원은 건당 수당을 받는데, 조정위원 수당 예산으로 법원마다 배정되는 금액은 한정돼 있다. 그 예산으로 최대한 많은 사건을 회부받아 성공적으로 해결하는 것이 나에게 부여된 미션이다.

초기 시스템 구축을 위한 고민 과정에서 내가 생각한 핵심은 조정실무 능력이 탁월한 소수의 조정위원단을 구성하여 사건을 집중시켜야 한다는 것이었다. 사건을 회부하면 성공적으로 해결한다는 것을 실적으로 입증하여 신뢰를 쌓아야 나의 고객인 셈인 일반 재판부 법관들이 사건을 적극적으로 회부해줄 것이다. 사건 당사자 입장에서도 시간만 낭비하고 다시 재판으로 복귀하게 되면 당연히 불만이 많을 것이다. 결국 조정 성공률을 높이는 것이 핵심 과제인데, 나의 경험상 조정은 다른 무엇보다 담당하는 사람에 따른 개인차가 큰 분야다.

보통 법관들은 사건을 외부인인 조정위원에게 맡길 때 경력 많은 변호사를 신뢰하는 편이다. 그런데 내 생각은 좀 달랐다. 경력 많고 잘나가는 변호사는 실력은 출중하지만, 바쁘기 때문에 법원이 가끔 맡기는 조정 업무에 시간을 할애하기가 어렵다. 조정 수당도 변호사 수입에 비하면 소액이라 이점이 없다. 그런 점에서 바쁜 변호사들에게 조정 업무를 맡기는 것의 효율성에 의문이 들었다. 조정은 법률 실력보다 끈질기게 당사자의 호소를 경청하고 설득하는 정성이 중요한 분야라고 생각하기 때문이다.

결국 내가 조정위원단을 구축할 때 원칙으로 삼은 것은 '머니볼Moneyball'이었다. 이는 브래드 피트가 주연한 실화를 바탕으로 한 영화의 제목이다. 메이저리그 만년 최하위, 그나마 실력 있는 선수들은 다른 구단에 뺏기기 일쑤인 구단 오클랜드 애슬레틱스. 이런 처지에서 벗어나고 싶은 야구단장 빌리 빈은 경제학을 전공한 데이터 분석가 피터를 영입한다. 피터와 빌리 빈은 선수의 이름값이나 스타성이 아닌 정확한 데이터만을 바탕으로 선수를 선발하며, 야구를 확률적인 게임으로 바꾸는 '머니볼' 이론을 창조한다. 그들은 타자들의 데이터를 분석하는 과정에서 출루율과 장타율이 종래에 각광받던 홈런, 타율, 타점보다 승리에 더 큰 영향을 미친다는 사실을 발견한다. 그리고 출루율과 장타율을 중심으로 실적 대비 저평가되어 있었던 선수들을 선발하여 팀을 구성한 결과, 메이저리그 최고인 20연승의 대기록을 달성할 수 있었다. 이때 오클랜드의 연봉 총액은 리그 최하위 수준이었다. 비용 대비 효율성 최고의 구단이었던 셈이다.

나는 기존 조정위원회의 200명 가까운 조정위원들의 수년간의 사건 처리 통계를 모두 가져다 살펴보기 시작했다. 직업이 무엇이든 상관없이 많은 사건을 처리하고 또 그중 많은 사건을 성공시킨 위원들을 추려냈다. 일단 많은 사건을 처리했다는 것은 조정에 관심도 있고 시간적 여력이 있다는 증거이고, 성공률이 높다는 것은 당연히 조정 능력의 징표다. 방대한 통계를 보니 생각 이상으로 위원에 따른 성공률 차이가 크고, 또 어떤 위원은 해마다 거의 비슷한 성공률을 나타내고 있는 경향성을 파악할 수 있었다. 이것은 어떤 사람들은 열심히 조정에 임하는 것에 더해 조정에 필요한 남다른 뛰어난 능력까지 보유하고 있다는 것을 말해준다. 이 능력은 외적인 조건으로 파악하기 힘들고, 결국 실제 직무수행 결과를 통해 평가할 수밖에 없는 것이다.

다음으로는 이들에게 사건을 맡겼던 법관들의 평가를 청취했다. 성공률은 높더라도 부적절한 언행이 있거나 무리수를 두는 타입은 곤란하기 때문이다. 결과뿐 아니라 과정에서도 고객에게 만족을 주어야 한다. 통계라는 정량적 평가만으로 알 수 없는 부분이다. 추려진 후보들과 직접 대화를 나눠보며 신뢰감과 적극성 유무를 평가했다. 최종적으로는 결국 실무를 통하여 걸러질 수 있는 장치도 마련했다. 처음 필요하다고 생각한 위원 수보다 1.5배 정도 많은 위원단을 구성하여 처음에는 주 하루이틀씩 나누어서 근무하도록 배치한 후, 매달 사건처리 결과를 평가하여 성과가 높은 위원에게는 다음달부터 사건을 더 많이 배정하면서 출근 일수를 늘리고, 성과가 낮은 위원은 반대로 사건을 적게 배정한 것이다. 시간이 지날수록 뛰어난 위원들에 대한 사건 배정이 늘고 그렇지 못한 위원들은 배제되게 된다. 조정 과정에서 위원의 부적절한 언행이나 잘못은 없었는지 조정에 참여한 사건 당사자들에게 물어 이것도 중요하게 평가에 반영하기로 했다.

그렇게 구성한 조정위원단의 면면은 다양했다. 법무사, 퇴직한 교장선생님, 평생 건설업에 종사하다 은퇴한 사업가, 변호사, 다양한 민원 업무를 담당했던 퇴직 법원 공무원 등. 대체로 오십대 후반부터 육십대 후반까지로 연령대가 높은 편이었다. 은퇴한 분들이 많았다. 그만큼 많은 시간을 투입할 여력이 있고 집에서 소일하기보다 사회에 봉사할 기회를 갖기 원하는 분들이었다. 그리고 비록 큰 금액은 아니지만 은퇴한 분들에게 조정수당의 가치는 더 높았다.

구성을 마쳤으니 이제는 사건을 보내줄 고객들에게 마케팅을 해야 한다. 인천지법 법관 워크숍 자리를 빌려 새로 구성한 조정 시스템을 설명했다. 그러고는 말미에 설명용 파워포인트에 넣어둔 영화 〈어벤저스〉 포스터를 화면 가득 비추며 말했다. 이번에 구성한 조정위원단은 날고 기는 조정의 달인, 고수들이다. 믿고 보내주시면 해결해드리겠다.

큰소리는 쳐놓았지만 실제 실적이 나올지 불안했다. 다행히도 데이터는 거짓말을 하지 않았다. 첫 달부터 좋은 성공률을 기록했다. 바로 판사들에게 메일을 보내 실적을 홍보했다.

그런데 실적은 계속 좋았지만 몇 달이 지나자 관심도가 떨어졌는지 회부 사건 수가 줄기 시작했다. 일반 재판부로서는 조정 가능성이 높은 사건을 골라서 회부하는 것도 나름 업무이기 때문에 바쁜 와중에 신경을 써야 하는 일이다. 지속적인 주의 환기가 필요한 것이다. 궁리 끝에 매달 성공적으로 해결한 사건 리스트를 엑셀로 정리하여 일반 재판부에 보내기 시작했다. 따로 보낼 수도 있는데 일부러 재판부별 성공 사건 목록을 작성하여 그 전체 표를 보냈다. 옆 재판부에서 의외로 사건을 많이들 보내고 있다는 것, 그리고 많이 보낸 재판부는 성공 사건도 많아서 사건 처리 부담을 덜고 있다는 것을 한눈에 볼 수 있게 한 것이다. 이후 회부 사건은 안정적으로 증가하기 시작했다.

화룡점정은 서른아홉 살 인턴 변호사의 합류다. 아무래도 어려운 법률적 쟁점이 있는 사건들의 해결을 위해 변호사 위원이 필요한데, 기존 변호사 위원들이 헌신적으로 일해주기는 했지만 아무래도 일주일에 반나절 이상의 시간을 내기는 어려운 상황이었다. 생각 끝에 사법연수원을 갓 졸업하고 로펌 등에 취업하지 못한 채 일자리를 찾고 있는 새내기 변호사를 상근 조정위원으로 위촉하기로 했다. 모험이었기에 일단 테스트 기간을 두어 실무 능력을 평가한 후 정식으로 위촉하기로 했다. 다만 너무 젊은 사람보다 어느 정도 연령도 있고 사회 경험도 있는 사람을 우선적으로 찾았다. 결국 그 과정에서 서른아홉 살 인턴 변호사를 만난 것이다.

이후로는 어벤저스 군단의 맹활약을 지켜보며 지원하고 격려하기만 하면 되었다. 능력 있는 이들을 엄선한 이상 이후 업무 처리에는 최대한의 독자적 권한을 부여한 후 간섭하지 않았다. 과연 놀라웠다. 서로 고소 고발 십여 건씩 해가며 철천지원수처럼 싸우던 고교 동창생들이 끈질긴 조정위원의 설득 끝에 쌓인 원한을 풀고 합의서에 사인한 후 서로 악수하며 차나 한잔하러 가자며 손잡고 나가는 풍경이 벌어지기도 했고, 어떤 조정위원은 아예 조정 기일에 출석하지도 않은 당사자에게 전화를 걸어 두 시간 동안 설득한 끝에 마음을 돌려 법원에 나오도록 하여 결국 밤 9시에 조정을 성공시키기도 했다. 건설 분야에 평생 종사하다가 은퇴한 위원은 복잡한 공사대금 사건을 척척 성공시켰다. 법률 지식은 전혀 없음에도 불구하고 건설업계의 관행과 속내를 꿰뚫고 있어 '아시바'가 어떻고 하는 건설현장 용어를 능숙하게 섞어가며 적절한 해결방안을 제시하면, 출석한 변호사는 못 알아들어도 당사자인 건축주와 건설업체 직원들이 맞장구를 치며 합의에 도달하곤 했다.

한번은 농촌 이웃 간의 분쟁 사건을 이 건설 전문 위원이 맡았다. 젊은 사업가인 원고가 칠십대 노인인 피고를 상대로 소송을 제기하여 1심에서 전부 승소했는데, 피고가 항소한 상태에서 조정전담부로 사건이 회부된 것이다. 애매한 점이 있긴 해도 증거를 잘 갖추고 있는 원고가 전부 이길 수밖에 없는 사건이었다. 그런데 나이 지긋한 건설 전문 조정위원이 원고에게 한마디했다. 법적으로는 이겼을지 몰라도 앞으로도 농촌 지역에서 평생 사업을 해야 하는데 가난한 이웃 어르신에게 야박하게 굴었다는 평판을 얻게 되면 얻는 것보다 잃는 것이 더 많지 않겠느냐고. 결국 전부 승소했던 원고가 자발적으로 대폭 양보하여 원만한 합의가 이루어졌다.

그동안 관찰한 바에 의하면 뛰어난 조정위원들은 몇 가지 공통점을 가지고 있다. 먼저 신뢰감이다. 어느 한쪽을 편들지 않고 내 이야기를 진심으로 경청해준다는 신뢰를 양쪽에 심어준다는 점이다. 대체로 인상도 푸근하고 둥글둥글한 분들이 많다. 곰돌이

푸 같은 인상이 많다고 하면 결례일지. 의외로 말솜씨가 유창하지는 않았다. 오히려 말투가 어눌하고 느릿한 분도 많다. 대체로 나이 지긋한 분들이 많은데, 예외도 있다. 독선적이고 권위적인 분들은 반감만 살 뿐 전혀 공감을 이끌어내지 못했다. 서른아홉 살 인턴처럼 비교적 젊은 사람도 당사자의 이야기를 공손하게 경청하고 마음을 풀어줌으로써 뛰어난 해결 능력을 보여주었다. 이에 따라 최근 서른아홉 살 인턴과 비슷한 입장의 새내기 변호사 두 명을 더 선발한 후 수습 기간을 두어 평가중이다.

인상이나 말투보다 더욱 중요한 요소들이 있다. 뛰어난 위원들 모두가 예외 없이 보유하고 있는 능력이다. 먼저, 분쟁의 핵심을 정확히 파악하는 능력이다. 당사자들이 겉으로 소리 높여 주장하는 것과 속으로 가장 아쉬워하고 있는 것은 다를 때가 많다. 체면상 또는 전략적 허세(블러핑)로 목청을 높이고 있을 때 슬쩍 가려운 부분을 긁어주는 제3의 대안을 제시하면 못 이기는 척 물러나는 경우가 많다. 결국 심리학이다. 사람의 마음을 잘 파악하는 능력인 것이다. 이것은 눈치이기도 하고, 거창하게 말하면 콜드리딩(신체 언어, 억양 등으로 상대의 마음을 읽어내는 기술)이다.

다음으로는 적절한 카리스마다. 양쪽 말을 끝없이 들으며 이리저리 끌려다니기만 한다고 분쟁이 해결되지는 않는다. 적절한 시점에는 조정위원이 생각하는 합리적인 타협안을 자신 있게 제시하여 흔들리는 당사자들의 마음을 붙잡아야 한다. 경청 과정에서 얻어낸 조정자에 대한 신뢰를 적절히 활용할 필요가 있다.

마지막은 인내심이다. 뛰어난 조정위원들은 일단 타협안에 접근했다가도 금세 다시 물러서는 당사자들의 변덕에 화가 날 법한데도 끈기 있게 다시 처음부터 설득을 시작하곤 했다. 거의 일 년에 걸쳐 십여 차례, 한 번에 두세 시간씩 이야기를 나눈 끝에 결국 어려운 분쟁을 해결한 사례도 있다. 조정수당은 현재 한 사건에 평균 6만 원 정도에 불과하고, 실패했다고 수당을 안 주는 것도 아니다. 그러니 돈 때문에 저런 엄청난 인내심을 발휘하는 건 불가능하다. 원동력은 자기 일에 대한 자부심이다. 뛰어난 조정위원들은 공통적으로 법원을 찾는 당사자들의 고통을 자기 손으로 직접 해결해준다는 것에 자부심과 만족감이 컸다. 내가 부탁하지 않았는데도 스스로 자신의 사건처리 결과를 기록하며 관리하고 있는 분들이 많다. 기억에 남는 사건은 따로 상세히 경위를 적어 모아놓는 분도 있다.

시스템 관리자로서 내 역할은 이분들의 노고와 헌신에 대해 보상하는 것이다. 잘하는 분들일수록 많은 사건을 맡게 됨으로써 수당을 많이 받도록 만들어놓기는 했지만 한정된 예산상 금전적 보상은 한계가 있다. 또한 인간에게는 금전적 보상 이상의 보상도 있다. 타인들의 인정이다. 그래서 가능한 한 자주 이분들의 노고가 정당한 평가를 받을 수 있는 기회를 마련하려 애쓴다. 대외적인 자리에서 조정 성공 사례, 조정 기법에 관한 발표를 할 기회를 마련하고, 각종 표창과 감사장 수여 대상으로 추천하고, 기회 있을 때마다 법원 내외 관계자들에게 이분들 자랑을 하고 다닌다. 급기야 일간신문 칼럼에 이분들 이야기를 쓰기도 했다. 지금 이 글 역시 그중 하나인 셈이다.

2년째 인천지법 조정전담부의 전체 조정 성공률은 54퍼센트 정도를 유지하고 있다. 전국 최고 수준이다. 70퍼센트에 가까운 경이적인 성공률을 보이는 분들도 있다.

조정위원들을 지켜보며 많은 것을 배우곤 한다. 법정에까지 오게 된 분쟁은 결코 쉽게 해결될 만한 것들이 아니다. 오해와 불신이 쌓이고 원한으로까지 발전된 경우가 많다. 그런 사건들을 인내심과 경청, 지혜로운 대안 제시로 풀어가는 조정위원들의 능력이야말로 진짜 초능력 아닐까.

우리가 공동구매할 미래

——————— 사회에 필요한 다양한 재능이 적재적소에서 발휘될 수 있도록 하는 능력주의만 해도 먼저 자리를 차지한 이들의 탐욕과 벽 쌓기로 인하여 실현하기 어려운데, 무엇이 사회에 필요한 재능인지조차 무서운 속도로 변화하고 있다. 인간의 능력들 중 상당수가 기계에 의해 대체되고 있기 때문이다.

인공지능과 로봇공학이 발달하면 할수록 현재 존재하는 직업의 상당수는 사라지게 될 것이다. 판사라는 직업도 영원할 리는 없다. 슬로비디오 판독으로 판정이 번복되는 요즘의 야구 경기를 볼 때마다 남 일 같지 않기도 하다.

무서운 것은 변화의 방향이 인간의 노동력을 필요로 하지 않는 쪽으로 향해 가고 있다는 점이다. 단순 노동력은 이미 상당 부분 대체가능하고, 인공지능의 비약적 발달로 인해 기자, 의사, 변호사 같은 전문직까지 머지않아 부분적으로 대체가능하다고 한다. 반면 극소수의 천재적이면서도 운도 따르는 인간이 전 세계에 막대한 영향을 미칠 수 있는 힘을 가질 기회는 늘어나고 있다. 구글, 페이스북, 아마존 창업자들이 단시간 내에 막대한 자본을 축적한 후 새로운 분야로 사업을 확장하며 전 지구적으로 영향력을 키워가는 과정을 보라. 수십 억 인구의 내밀한 개인정보와 최첨단 과학기술을 손에 쥔 이들은 신도 악마도 될 수 있는 존재들이다.

부와 권력이 극소수에게 집중되고 인구의 대부분이 잉여인력으로 전락하게 되면 자본주의도 제대로 작동되기 어렵다. 노동자는 동시에 소비자이기도 하다. 노동자에게 구매력이 없으면 첨단 기업이 무엇을 생산해도 소비될 수 있는 시장이 없게 된다. 시장에서 우위를 차지하기 위한 기업들의 생산성 경쟁이 인간을 생산과 소득에서 축출하여 결국 시장 자체를 붕괴시킬 수도 있는 딜레마다.

결국 1인 1표의 민주주의와 법치주의가 자기파괴적인 자본주의의 폭주를 견제할 수 있는 유일한 생명줄인지 모른다. 우리 중 대부분이 경제적으로 쓸모없는 노동력으로 전락할 수도 있는 미래에 보통선거 원칙이 우리의 미래를 공동구매할 수 있게 해주는 마지막 밑천일 수 있는 것이다. 비록 사석에서였지만 일정 교육 수준 이상, 또는 일정액 이상 납세한 사람에게만 투표권을 부여해야 하지 않느냐고 말하는 분들을 보고 놀란 기억이 있다. 이런 사고방식이 확산되면 마지막 밑천조차 없어지지 않는다는 보장은 없다.

아무리 막강한 힘을 가진 기업가라도 법을 초월할 수 없다. 이리저리 빠져나갈 수는 있어도 말이다. 사회적 합의를 통해 제정되는 법은 사실 엄청나게 많은 일을 할 수 있는 힘을 지녔다. 이런 법을 제정하고 바꾸는 작용, 즉 정치는 모든 시민이 자신의 권리를 지킬 마지막 보루다. 함부로 냉소와 무관심에 빠지는 것은 말 그대로 마지막 남은 자신의 무기를 버리는 자살행위에 다름없다.

기업을 악마로 취급해서 하는 말이 아니다. 나는 늘 기업가들에게 경외에 가까운 감정을 가지고 있다. 거대한 공장, 송유관, 바다를 가로지르는 다리를 볼 때마다 나도 모르게 경외감을 느낀다. 기업가들의 추진력과 야심, 그리고 그것이 이루어낸 산업적 풍경은 얼마나 대단한가. 그들도 결국 사회의 엔진이라고 생각한다. 사적으로 만나보면 큰 기업가들도 별다를 것 없는 사람들이다. 상식과 선의를 가진 사람이 많다. 문제는 기업가 개인이 합리적인 생각을 갖고 있더라도 이윤 창출과 효율성이라는 기업의 논리가 더 압도적인 힘을 갖고 있다는 점이다. 기업과 자본주의는 사회를 미래로 끌고나가는 엔진이지만 민주주의와 법치주의라는 브레이크가 없으면 자기 자신도 원치 않는 파멸로 달려갈 수 있다. 개별 기업 간의 무한경쟁만으로는 결국 자본주의 자체의 위기로 치달을 수 있으니 시장의 지속가능성을 위해서라도 합리적으로 타협할 여지가 있는 것이다.

우리에게 미래를 공동구매할 힘이 있다는 것을 믿는다면 디스토피아적 전망만 할 필요는 없다. 과거의 패러다임에서 아예 벗어나 일견 황당해 보일 정도의 새로운 미래를 상상할 수도 있는 것이다. 공동구매하는데 이왕이면 참신한 신상품들을 잔뜩 생각해봐야겠다.

내 맘대로 상상의 나래를 펼쳐보자. 아무리 기술이 발전해도 여전히 사람의 손길, 돌봄이 필요한 분야와 상담, 사회체육 등 신체적 정서적 지원이 필요한 분야, 예술을 비롯한 다양한 즐거움을 추구하는 분야는 여전히 존재할뿐더러 지금보다 더욱 세분화되고 다양화될 수 있다. 동네마다 배드민턴 가르치는 코치, 합창 지도하는 지휘자, 악기 가르치는 연주자, 미술 설명하는 도슨트, 시각장애인이나 노인에게 책 읽어주는 사람 등 인간의 삶을 풍요롭고 행복하게 해주는 소소한 분야들에는 무궁무진한 인력이 필요하다.

앞서 얘기했듯이 인간의 마음은 아직도 수십만 년 전 원시시대의 자연선택 과정에서 형성된 뇌의 지배를 받고 있다. 이 시차는 그리 금방 따라잡을 수 있는 것이 아니다. 인간은 본능적으로 인간에게 끌린다. 진화심리학적으로 인간에게 있어 동료 인간이 가장 큰 행복의 원천이라는 점은 미래에도 유지될 것이다. 그렇다면 아무리 기계가 발전해도 인간은 대체불가능한 자원일 수 있다. 섹스 로봇, 친구 로봇같이 최대한 인간과 유사한 로봇을 만들어

뇌를 속일 수는 있을지 모르지만, 보완재 정도면 몰라도 인간관계를 전면적으로 로봇으로 대체할 경제적 필요성이 있지는 않을 거다. 이미 인간은 넘쳐날 만큼 많으니까 말이다. 그리고 인간은 공부를 잘하든 못하든 운동을 잘하든 못하든 누구나 최소한 한 가지 재능은 가지고 있다. 누군가를 행복하게 해주는 재능 말이다. 가족에게, 친구에게, 연인에게 필요한 사람이 되어주는 재능. 누군가의 말을 들어주는 재능. 친절을 베푸는 재능. 그렇다면 기술발전으로 창출되는 막대한 부의 적정 부분을 사회적 합의를 통해 조세로 거두고, 이를 재원으로 인간을 돌보는 무궁무진한 서비스 분야의 고용을 창출해, 내수시장을 활성화시키는 선순환이 가능할 수 있다.

상상하는 김에 아예 더 미래로 가보면, 복지 서비스, 정서적 서비스, 문화 서비스 분야에서 타인의 행복을 창출할 경우 뇌과학적인 방법으로 자동 측정하여 그것이 새로운 화폐가 되도록 하는 것도 가능하지 않을까. 행복 자체가 가치의 기준이 되는 것이다. 남을 한 번 활짝 웃게 한 선행으로 획득한 행복 화폐로 아이스크림 한 통을 구매한다. 정부를 통하지 않아도 시장에서 교환가능한 것이다. 뭐, 보통 이런 공상은 SF영화에서 이상한 부작용으로 이어져 재앙이 되곤 하지만 상상은 자유니까.

과학기술의 발전을 재앙을 몰고 올 존재로만 바라보고 두려워하는 것은 역사적 경험과 맞지 않다. 산업혁명 초기 기계가 일자리를 빼앗는다며 기계를 파괴한 러다이트운동 같은 사고방식이다. 기술 발전으로 인한 풍요는 결국 인간들에게 분배되었다. 비록 그 분배가 균등하지도 않았고, 그 과정이 평화롭지도 않았지만 말이다. 마찬가지로 미래의 과학기술 발전 역시 단기적으로는 많은 부작용을 낳겠지만 이를 어떻게 이용하느냐에 따라 장기적으로는 인간의 삶을 더욱 자유롭고 풍요롭게 할 수 있을 것이다. 그리스 도시국가의 시민들이 노예 노동의 기반 위에 철학과 예술을 꽃피운 것처럼 미래에는 로봇과 통제된 인공지능이 제공하는 노동의 기반 위에 인간들은 보다 많은 여가와 예술, 창의적인 활동에 종사할 수도 있는 것이다.

설령 이런 공상이 이루어진다 해도 상상 속에서나 장밋빛으로 보이지 실제로는 그 시대에도 역시 빈부격차는 있을 것이고, 폭력과 탐욕, 부조리도 있을 것이며, 사람들은 당대에 누리고 있는 것들에 금세 적응하여 그 시대 나름의 부정의, 불평등과 결핍에 대해 분노하고 절망할 거다. 지금 우리처럼 말이다. 유토피아는 믿지 않는다. 다만 확실한 것은 뿔뿔이 흩어진 개인으로 살아가면서 시대의 흐름을 보지 못하고 가만히만 있다보면, 상상보다 훨씬 나빠질 여지는 얼마든지 있다는 것이다. 미래를 스스로 공동구매하지 않으면 강제배급받게 될 테니 말이다.

3부

세상의
불편한 진실과
마주하기

argoflex

진실은 불편하다

일반적으로 우리는 한국의 수학 교육이 학생들의 수학에 대한 흥미를 떨어뜨리는 반면, 선진국에서는 학생들이 수학을 재미있어하고 창의적으로 공부할 수 있도록 수학을 가르치고 있을 거라는 식의 막연한 선입견을 가지고 있다.

이것은 과연 사실일까. 국제학업성취도평가PISA 조사에 따르면 2012년 수학에 대한 학생의 흥미도를 비교 분석하니 OECD 32개국 중 한국이 28위였고, 교육선진국 핀란드는 29위였다. 그간의 통념을 깨는 결과였다. 이런 예는 얼마든지 있다. LPGA보다 KLPGA가 한 수 위라는 말이 나올 정도로 한국 여자 골프선수들은 미국 무대에 데뷔하자마자 우승권을 넘나든다. 그런데 조선일보가 2015년 여자 골프선수, 지도자 등을 대상으로 실시한 설문조사에서 '한국 여자 골프가 선전하는 이유가 무엇이라고 생각하느냐'는 질문에 가장 응답이 많았던 것은 ①워낙 어린 나이에 시작하고 훈련량이 많다(41명) ②부모들의 헌신(21명) ③주니어 시절부터 국내 선수들 경쟁이 치열하다(21명) 순이었다. '한국 선수의 약점'으로는 ①부모의 지나친 간섭(30명) ②독립심 부족(17명) ③골프를 왜 하는가에 대한 뚜렷한 동기가 없다(15명)는 대답들이 많았다. 그런데도 '한국 여자 골프가 앞으로 얼마나 더 성장세를 유지할 것이라고 보느냐'는 질문에는 ①5년(22명) ②영원히 계속될 것(15명) ③10년(15명) 등으로 긍정적인 대답이 많았다.

이 기사를 읽으며 묘한 기시감을 느꼈다. 우리 교육 현실의 그 모든 미친 문제점에도 불구하고 오바마 대통령이 부러워할 정도로 세계 학력평가 때마다 우리나라가 최상위권을 차지하며 국내 고교에서 전 세계 최고 명문대 진학이 늘어만 가는 아이러니. 상상할 수 없는 혹독한 연습량과 과도한 활동량으로 악명 높은 K팝 아이돌들의 세계적인 성공, 시청률 경쟁 속에 만들어지는 쪽대본과 비슷비슷한 내용 등으로 온갖 욕을 먹던 한국 드라마가 만들어낸 세계적 한류 열풍. 심각한 구조적 모순을 낳았지만 세계 유례없이 단기간에 급성장한 경제 기적. 한국적인 과열 경쟁 속에서 탄생한 것들은 결과적으로는 세계적인 경쟁력을 획득한 경우가 많다. 그로 인해 파생한 여러 문제점들에도 불구하고 말이다. 그 문제점들을 나무라며 이 결과들이 다 무의미하다고 폄하하는 것은 이치에 맞지 않는다. 경쟁이 낳는 부작용을 비판하기 위해 경쟁이 낳는 효율성을 악으로 재단하는 것은 어리석다. 그렇다고 효율성이 있다는 이유만으로 그 그림자를 무시하는 것도 어리석다. 효율성에 '지속가능성'이라는 새로운 목표를 부가하여 부작용을 완화하며 보다 높은 단계로 질적인 발전을 도모하도록 유도하는 현실적인 시각이 필요하지 않을까.

자신의 가치관에 따라 불편한 진실을 외면하려는 경향은 심지어 과학에도 영향을 미친다. '여자로 태어나는 것이 아니라 여자로 만들어지는 것이다'라는 신념의 페미니스트들 중에는 선천적인 양성 간의 차이 일체에 관한 과학적 연구 결과를 성차별이라며 거부하는 이들도 있다. 하지만 '그러니까 당연한 거다'가 아니라, '그러니까 더더욱 사회적 노력이 필요하다'라고 생각할 수도 있다. 그러려면 우선 정확히 우리 존재와 그 작동 원리의 불편한 진실을 직시해야 한다. 예를 들어 남성의 성욕이 본능이라는 말은 그러니까 성범죄도 이해해줘야 한다는 결론으로 연결되는 것이 아니라 반대로 그러니까 더더욱 그로 인한 위험성을 통제하기 위한 정교하고 강력한 장치들이 필요하다는 결론으로 연결되어야 한다. 인간의 지능, 성격에 유전적 차이가 있다는 말은 기계적 평등만으로 부족하고 실질적 평등을 위한 적극적 배려가 필요하다는 결론으로 연결되어야 한다. 불편하다는 이유로 실재하는 것을 의도적으로 없는 것처럼 취급하는 것은 궁극적인 해결책이 아니다.

반대로 실재한다는 이유만으로 모든 것이 정당화되는 것도 아니다. 자연 그대로의 것은 무조건 옳다고 보는 것을 '자연주의적 오류'라고 한다. 실은 그 반대가 맞는 경우가 많다. 하다못해 식재료도 자연 상태 그대로는 독성을 갖고 있다. 우리가 먹는 것들은 대부분 오랜 시간 인위적인 종자 개량을 통해 먹을 수 있게 만든 것들이다. 인류는 자연 상태의 폭력성을 문명화 과정을 통해 극복하여 현대적인 평화를 이루고 있다. 자연은 그 자체로 옳고 그른 것이 아니다. 옳고 그른 것의 기준은 지금의 발전한 문명을 기준으로 해야 하는 것이 맞다. 그에 따라 옳은 것은 더욱 북돋우고 그릇된 것은 제어해야 한다.

불편한 진실 자체에 도덕적 잣대를 들이대어 왜곡하지 말고, 그 진실을 토대로 '어떻게 사회를 개선할 것인가'를 고민해야 하지 않을까. 자신의 관점에 따라 한쪽 측면만 이야기하고 다른 측면은 애써 외면하는 진영 논리가 지배하는 사회는 대화와 타협이 불가능하다. 영화 〈국제시장〉을 둘러싼 논란에도 이런 측면이 있었다. 〈국제시장〉은 투박하고 세련되지 못한 영화지만, 거짓말을 하는 영화는 아니었다. 우리 부모 세대는 생존 외에는 모든 것이

사치인 상황에서 살아왔다. 그분들에겐 이념, 꿈, 사회, 민족이 아니라 오로지 가족의 생존이 전부였다. 그런 점에서 보면 당시 상황을 왜곡하고 과장한 영화는 아니었다. 그럼에도 이 영화를 둘러싼 논란의 중심은 진영 논리에 있었다. 정반대로 영화 〈변호인〉을 놓고도 진영 논리에 따른 호불호가 있었다.

산업화 세대와 민주화 세대가 서로를 부정하는 것은 비극이다. 역사의 두 측면을 있었던 그대로 직시하면서도 얼마든지 지금 현재 우리가 겪는 문제들에 대해 이야기할 수 있다. 그림자를 강조하기 위해 빛을 애써 지울 필요도 없고, 빛을 강조하기 위해 그림자를 외면할 필요도 없다. 있는 것을 있는 그대로 외면하지 않고 직시하는 것이 사회를 실질적으로 개선하는 출발점이다.

정답 없는 세상

——————— 1980년대에는 많은 사람이 세상에 정답이 있을 수 있다고 믿었다. 선의를 가지고 헌신하면 세상을 바꿀 수 있다고 믿었다. 선악과 옳고 그름이 분명하다고 생각했다. 그래서 옳은 가시밭길을 선택하느냐 비겁한 안락함을 선택하느냐의 윤리적 결단만이 중요한 문제라고 생각하는 경향이 있었다.

하지만 세상은 그렇게 명쾌하지 않았다. 지금은 무엇이 옳고 무엇이 그른지 쉽게 말하기 어려운 세상이 되었다. 좋은 의도가 반드시 좋은 결과를 낳는 것은 아니었다. 사람들은 옳고 그름을 아예 생각하지 않거나 양극단에 서서 자기만 옳다는 독선에 빠져 있게 되어버렸다. 한국사회에 대해 저주에 가까운 절망을 이야기하는 사람이 늘고 있고 먼 나라에는 지상낙원이 펼쳐져 있는 것처럼 믿는 이들도 있지만 현실을 조목조목 따져보면 모든 사회는 나름의 문제를 안고 있고 나름의 특수성이 있다. 그대로 가져다가 베끼면 되는 정답 같은 건 없다.

이런 시대일수록 집단의 논리에 맹목적으로 순종하는 건 위험하다. 어느 집단도 이 복잡하고 급변하는 세계에 대한 완벽한 해답을 갖고 있지 못하다. 남의 판단으로 자기 판단을 대체하지 말고 각 개인이 눈을 부릅뜨고 세상의 불편한 진실을 있는 그대로 직시해야 한다. 실사구시 정신이 필요하다. 막연한 믿음보다 실증적 근거를 들어 토론하고 최선이 안 되면 차선, 최악보다는 차악을 선택할 수 있어야 한다. 재판을 해보아도 다투는 양측 모두가 진실의 일부분씩을 자신의 입장에서 주장하는 경우가 대부분이다. 그 조각 그림을 맞춰야 비로소 진실이 나타나기 시작한다. 어느 한쪽을 완전히 굴복시키는 승리란 존재하기 어렵다. 근본적으로 다른 이해관계, 다른 사고방식과 가치관을 가진 사람들이다. 상대를 몰살시키는 전쟁이 아닌 이상 중간에서 타협하는 게 현실적이다. 당파적 진영 논리는 이런 복잡하고 힘든 과정을 생략하려는 게으름이다.

문제의 다층적인 구조를 직시하자고 하면 대뜸 비겁한 양비론이라는 비난이 쏟아진다. 양비론 아니라 삼비론 사비론이더라도 맞는 건 맞는 거고 아닌 건 아닌 거다. 재판도 양비론이다. 손해배상 책임을 정할 때 피해자측의 과실도 참작한다. 책임의 비율을 달리할 뿐이다. 현실 세계에서는 어느 한쪽만이 전적으로 옳고 전적으로 틀린 경우는 없다.

아름다운 윤리와 당위만으로는 현실을 바꿀 수 없다. 인간의 이기심, 욕망을 있는 그대로 일단 인정하고 그걸 출발점으로 타협할 지점을 찾는 냉정함이 현실적이다. 세상이 복잡하다고 생각하기를 거부하고 신념과 분노에만 의지하다가는 좋은 의도를 가지고도 최악의 결과만 가져올 수 있다. 의심하고, 근거를 찾고, 다시 생각하고, 아니다 싶으면 주저 없이 결론을 바꾸는 노력 없이는 세상의 속도를 따라잡을 수 없다. 깨어 있어야 한다.

내 협소한 경험 안에 갇히고 울컥하는 감정에 치우치게 되면서도 다시금 차분히 반성하게 될 때 드는 생각이다.

좌우자판기를 철거해야 하는 이유

인터넷 세상은 마치 해방 직후로 타임슬립한 듯하다. 좌빨, 종북, 수꼴, 극우, 보수, 진보. 그런데 이 구별에 관한 공인 기준은 없는 듯하다. 발언 몇 가지만으로 양쪽에서 병아리 감별하듯 용감무쌍한 단정을 내린다. 조금 과장하면 이런 식이다. 어느 교수가 조선일보에 글을 쓰면 수꼴, 글 서두에서 햇볕정책을 옹호하면 종북, 그런데 그 근거로 1970~80년대 경제성장으로 인한 대북 우위 확고화를 들면 극우, 경제성장 이면의 빈부격차와 인권침해를 지적하면 좌빨, 그런데 그가 대치동에 살고 있으면 강남 좌파, 알고 보니 쪽방 사글세면? 글쎄다. 아마도 간명하게 원적지 기준설을 취하지 않을까. 호남인지 영남인지.

구체적으로 무슨 이념과 무슨 이념이 대립한다는 것일까? 정말 우리나라에 공산주의자와 파시스트들이 스페인내전 때처럼 대립하고 있는 것인가? 우리나라 양대 정당이 이념정당인가? 두 정당의 공약집을 표지 가리고 읽어서 구분하기란 펩시 챌린지 이상의 도전이다. 한쪽의 인기 공약을 곧바로 다른 쪽이 따라하는 일도 흔하다. 이념정당은 고사하고 미국의 공화당, 민주당 정도의 차이도 찾기 어렵다.

국민 대상 여론조사 결과들을 보면 대체로 다수 의견은 보다 많은 복지 혜택은 원하되 세금은 더 내길 원치 않고, 어떤 문제든 정부가 나서서 강력히 해결하는 것이 마땅하다는 식이다. 서구 정치학자를 데려다 한국의 정치이념 분포도에 대한 실증적 분석을 시켜보면 난감해할 것 같다. '이념적인 미분화 상태'라고 할 것이다.

보수, 진보란 보통 정부의 역할, 복지정책, 조세정책 등에 대한 관점의 차이로 구별한다. 그런데 대한민국사회에서 가장 열렬히 대립하는 사항은 실은 이념, 정책이 아니라 어느 대통령을 '사모'하느냐와 애향심 아닐까. 여기에 세대 문제가 결합된다. 조용필 세대와 서태지 세대가 서로 '울 오빠'의 업적이 더 뛰어나다고 싸우는 꼴이다. 자기 세대의 우상이란 결국 자신의 청춘 시절에 대한 자기애다. 객관적이기 어렵다. '울 오빠'를 모욕하는 안티들에 대한 분노, 제대로 인정받지 못하는 영웅에 대한 연민. 이런 정서의 문제가 결부되기 때문에 갈등은 더 불타오른다. 미래에 대한 비전보다 과거에 대한 평가에 더 집착한다. 하지만 정작 현재 청춘들은 과거 우상에 대한 '리스펙트' 따위엔 관심 없다는 것이 함정이다. 진학, 취업, 결혼…… 당장 자기 앞가림하는 것만도 전쟁인 미생의 청춘들에게 기성세대의 이념 논쟁, 역사 논쟁은 한가한 소리로 들릴 수밖에 없다.

그런 점에서 낸시 랭의 "OMG! 제가 친노종북이라고요? 전저 낸시랭밖에 관심 없어요. 낸시는 친낸종낸이에요"라는 말은 시사적이다. 포스트 386세대의 특징인 개인주의, 그리고 지금 이 순간의 현재에만 집중하는 현재주의를 보여준다. 미디어 이론가 더글러스 러시코프는 『현재의 충격』에서 실시간 SNS로 연결되어 모든 것이 생중계되는 지금은 과거도 미래도 아닌 이 순간의 현재에만 집중하는 현재주의가 지배하는 시대라면서, 과거의 불의를 극복하고 미래의 유토피아로 나아가는 식의 20세기적 서사 구조가 붕괴하고 있다고 분석한다. 거대 담론인 이념이 들어설 자리가 없는 시대다. 하긴 정신연령 낮은 나 역시 굳이 무슨 주의자인지 물으신다면 모든 집단주의를 혐오하는 '전투적 개인주의자'이며, 이념보다는 태도가 후진 사람, 그리고 상상력이 빈곤한 사람을 더 견디기 힘들어한다.

우리 사회는 사실은 제대로 된 이념이 부재한 곳인데도 이념 코스프레중인 상황은 아닐까. 그러다보니 원자력발전소 건설, 한미FTA 체결 등 전략적 판단이 필요한 다층적 갈등 구조의 문제를 진영 논리로 단순화해서 선악 구도로 몰고가기도 하고 반대로 이념과 무관한 일상적인 문제에도 이념의 꼬리표를 붙이기도 한다. '애국가 3도 낮춰 부르기'를 어느 교육감이 추진했느냐에 따라 다르게 해석하는 현상은 참으로 흥미롭다. 우리 사회의 많고 많은 문제 중 어느 하나를 얘기하면 그 문제 자체가 아니라 그 문제를 제기하는 저의부터 의심한다. 북한 인권 문제를 제기하면 보수냐, 우리 인권 문제를 제기하면 진보냐고 묻는 사회에서 문제 자체에 관심 있는 사람들은 뭐라고 대답해야 하나? 그냥 홍시 맛이 나서 홍시라고 생각한 것이온데……

20세기식 이념의 시대는 끝이 났다고 봐야 할 것 같다. 유럽의 좌파 정당들은 더이상 자본주의 타도를 직접적으로 외치지 않는다. 고삐 풀린 자본주의를 규제할 것을 주장할 뿐이다. 소수 극우 정당을 제외한 보수 정당 역시 현대적인 수정자본주의, 복지국가를 부인하지 않는다. 독일의 보수와 진보인 기민당과 사민당은 연정을 꾸릴 정도다. 이념이란 신념의 체계이기에 타협의 여지가 없다. 그 결과 이념 간 갈등은 혁명운동과 전쟁을 일으키며 수천만 단위 희생을 낳았다. 그러나 정책은 토론과 타협이 가능하다. 탈이념의 시대에는 보수 진보 자체보다 양자가 교대하는 동태적 과정이 더 중요하다. 이념이든 정책이든 인간의 행복을 위한 수단에 불과하다. 인간의 지혜는 불완전하기에 한쪽 처방에 치우치면 다른 부작용이 생긴다. 보수와 진보 정책정당 간의 평화적 정권교체 가능성이야말로 정치적 선진국의 기준 아닐까.

이념 문제 아닌 것을 이념 문제화하는 강박증은 두 가지 점에서 위험하다. 첫째, 실제적으로 필요한 토론과 의사결정을 방해한다. 각 방안의 장단점을 구체적인 근거를 들어 따지는 머리 아픈 과정을 '우리 편의 주장인지 적들의 주장인지'로 광속 대체하는 반지성주의를 낳는다. 둘째, 삼인성호三人成虎. 몇몇이 떠들어대면 없는 호랑이도 만들어진다. 몇몇 소수가 그들만의 리그에서 이념 투쟁을 벌이는 것을 보다보면 마치 이 사회에 진짜 심각한 이념 대립이 있는 것처럼 착시 현상이 생긴다. 거짓 선지자들에게 인류는 속을 만큼 속았다. '좌우자판기'를 철거해야 하는 이유다.

조폭의 의리와 시민의 윤리

임순례 감독의 영화 〈제보자〉를 봤다. 황우석 사건을 추적하는 피디들, 그리고 자신의 미래를 걸고 내부고발을 한 과학자의 이야기다. 군더더기 잔재주 없이 정공법으로 달려간다. 익히 아는 내용인데도 가슴이 뛴다. 세상에서 가장 용감한 사람들의 이야기이기 때문이다. 악마와 싸우는 건 차라리 쉽다. 선량한 사람들의 절실한 희망과 맞서야 한다는 건 얼마나 힘든 일일까. 그것이 거짓 희망일지라도 말이다. 이 영화야말로 온 국민이 자녀와 함께 보며 어떤 일이 있었는지, 우리는 스스로 무엇을 경계해야 하는지 이야기 나누어야 할 영화라고 생각한다. 황우석 사건은 우리 사회에서 희귀하게도 이른바 보수 진보가 허망한 '국익' 앞에 하나되었던 사건이다. 당시 나는 과연 개방된 시장경제하에서 개별 경제주체를 떠난 추상적인 '국익'이라는 게 존재하는지 자체부터 의문이었다. 차라리 난치병 극복이라는 인류애에 천착한 것이었다면 차라리 좀 나았을 것 같다.

이 사건에서 가장 용감했던 사람은 제보자다. 한국사회에서 내부고발자는 영웅이 되기는커녕 배신자로 낙인찍히기 일쑤다. 그 고발이 진실이었고, 공익에 부합하는 것으로 밝혀져도 대중의 정서는 내부고발자에게 호의적이지 않다. 뒤에서는 '저런 사람 무서워서 어디 누가 같이 일하겠어?'라며 수군거린다. 왜일까.

한국사회의 윤리관이 현대 민주사회의 시민의식보다는 유교적 가족공동체의 인륜에 머물고 있기 때문이다. 유교는 가족 윤리를 국가와 사회의 기본 윤리로 삼았다. 아비가 극악무도한 죄인일지라도 그것을 고발한 자식이 더 큰 죄인이 된다. 군사부일체라 하여 지도자, 스승은 아버지와 마찬가지로 무조건 순종해야 하는 대상이 된다. 윗사람의 허물을 들춰내는 건 그 허물보다 더 큰 잘못이 되고 패륜으로 지탄을 받는다. 가족의 잘못은 감싸고 숨겨주는 것이 옳은 일이 된다. 전통 농경사회의 이러한 윤리관이 아직도 21세기의 한국사회를 지배하고 있다. 민주주의는 투명성을 전제로 한다. 자본주의는 효율성을 필요로 한다. 잘못을 은폐하는 문화는 투명성도 효율성도 침해할 뿐이다. 이런 문화 속에서 치료가 가능했던 초기 단계의 작은 종양이 말기 암으로 진행되어 조직을 썩게 만든다. 파렴치한 성추행 교수들이 수십 년째 어린 여제자들을 건드리며 자리를 보전하곤 한다.

사실 한국사회의 윤리관은 조폭의 의리 수준에 머물고 있는지도 모른다. 조폭을 미화하는 영화가 수없이 제작되고, '의리'가

유행어가 되며, 전두환에 대한 장세동의 무조건적인 충성이 미담이 되는 사회다. 사람들의 속마음은 내가 나쁜 짓을 해도, 구린 데가 있어도 끝까지 나를 배신하지 않는 공범을 원하는 거다. 세상에 털어서 먼지 안 나는 놈 있나. 뭐 대단한 정의의 사자랍시고 입바른 소리를 하고 그래. 그러는 너는 얼마나 깨끗한가 보자. 자기도 조직 내에서 혜택받을 건 다 받고 다른 속셈으로 뒤통수를 치는 걸 거야. '웃픈' 것은 대단한 나쁜 짓을 해볼 배짱도 기회도 없는 소시민들이 이런 식으로 가당치도 않게 조직의 보스에 감정이입하고 동정한다는 점이다.

현실의 조폭에게 의리 따위는 없다. 이익이 있을 뿐이다. 그것도 조직의 이익이 아니라, 보스와 간부들의 이익이 있을 뿐이다. 말단 조직원들은 쓰고 버리는 소모품이다. 착각하지 말아야 한다. 당신은 조직에 이용당하는 호구에 불과하다. 이득을 분배받는 공범씩이나 되지도 못한다. 내부고발자들은 그들이 어떤 동기를 가졌든 결과적으로 당신의 몫을 가로챈 권력자들의 치부를 폭로하여 당신에게 이득을 주는 사람이다.

사학비리 사건을 담당한 적이 있다. 사건을 제보한 사람은 재단 이사장의 심복인데 횡령 사건을 일으켜 해고당한 사람이었다. 자신을 보호해주지 않은 보스에게 앙심을 품은 셈이다. 사건 초기에 교수들과 학생들은 이사장을 감쌌다. 학교가 비리의 복마전으로 소문나면 자신들에게도 불이익이 있다고 생각한 듯하다. 나중에 밝혀진 바로는 이사장 일가는 등록금은 물론 학생들과 교수들에게 혜택이 돌아가야 할 정부지원금까지 횡령하여 호화생활을 누리고 있었고, 교내 시설공사비 중 상당 금액을 리베이트로 받아 부실공사를 자초했다. 제보자가 비열한 복수심으로 학교에 오명을 끼쳤다고 비난하던 사람들은 자신들의 피해를 깨닫고 나서야 이사장의 엄벌을 탄원했다. 제보자는 진실을 밝히는 계기일 뿐이다. 한 점 티끌 없이 고결한 사람일 필요는 없다.

누가 당신에게 이익을 주고 누가 당신에게 손해를 끼치는지 정신차리고 보아야 한다. 내부고발자가 시민 이익의 대변자로 보호받고 보상받아야 권력자들이 긴장한다. 발각될 리스크를 고려에 넣도록 만들어야 대범한 도둑질을 못한다. 조심이라도 한다. 인간에 대한 불신을 전제로 하는 자유민주주의의 기본은 권력에 대한 견제와 균형, 감시다. 눈먼 의리가 아니다.

그나저나 우리나라는 정말 비약적으로 발전하는 나라인가보다. 황우석 사건 보도 같은 대단한 일을 해낸 피디조차 방송 제작 대신 스케이트장 운영 업무에 종사하게 되었다니 말이다. 탁월한 피디가 남아돌거나 또는 시민들의 생활체육을 극도로 중시하는 것이리라.

사회를 묶어내는 최소한의 가치
—케임브리지 다이어리 1

2006년에 법원 장기해외연수 대상자로 선발되어 일 년간 하버드 로스쿨 LL.M. (석사)학위과정을 수료한 일이 있다. 하버드 대학이 있는 곳은 케임브리지라는 보스턴 지역의 작은 도시다. 짧은 기간이지만 미국사회의 구석구석을 보며 느낀 점들이 많았다. 팝 음악, 영화, 드라마로 접한 미국과 실제 생활하며 보는 미국은 달랐지만, 어차피 일 년의 경험으로는 장님 코끼리 만지기에 불과했다. 미국사회를 종합적으로 이해하기에는 턱없이 짧은 경험이었다. 오히려 의미 있었던 것은 다른 사회를 보며 우리 사회에 대해 더 생각해볼 계기가 되었다는 점인 것 같다.

미국 생활 초기에 처음 든 생각은 일반적인 서비스업 종사자, 특히 공공서비스 관련 종사자의 자질과 근무 태도가 우리나라보다 현저히 떨어진다는 생각이었다. 이건 도무지 한 번에 되는 일이 없었다. 말도 안 되는 실수를 해놓고도 전혀 미안해하지 않고 퇴근시간이니 다음에 다시 오라는 일이 다반사였다.

줄이 한참을 늘어서 있는데 근무자는 끝도 없이 휴대전화로 친구와 수다를 늘어놓기 일쑤였다. 슈퍼마켓을 가든 휴대전화 가게를 가든 꼭 업무 능력이 전혀 없어 보이는 점원이 한둘 있는데, 가장 기본적인 매뉴얼대로 하는 업무의 범위를 조금만 벗어나면 멍한 상태가 되어버리고 결국 옆 라인의 직원이 대신 와서 일을 처리하는 경우가 많았다. 미국 도착하는 날도 여행가방 하나가 도착하지 않아서 항공사 카운터에 이야기를 하니 전혀 미안한 기색 없이 다른 곳에 간 모양이라면서 발견되면 보내주겠단다. 짐 태그 번호도 가르쳐주었는데 일주일 동안 행방을 파악하지 못하는 그 유명 미국 항공사. 전산망이 있기는 한 것인지? 미국 내 여행시 비행기를 탈 때 절대 안심하면 안 된다는 것도 알았다. 출발 15분 전에 탑승구가 바뀌어서 천리를 걸어 다른 탑승구로 가야 하는 일이 다반사여서 확인 안 하고 있다가는 비행기를 놓치기 쉽다.

도착 첫날부터 이런 패턴의 시간 낭비가 한두 번이 아니었다. 게다가 더 짜증나는 것은 도대체 친절, 싹싹, 상냥한 서비스 마인드로 응대하는 직원은 찾기 힘들고, 시간 때우다가 월급 받으면 그뿐이라는 태도로 일하는 퉁명스러운 사람들만 참으로 많았다. 왜 대형 쇼핑센터, 전자제품점 등등에서 일하는 직원 중 고객에게 가식일지언정 상냥하게 방긋방긋 웃는 사람이 한 명도 없는 거지? 동부 내지 보스턴 쪽의 분위기가 원래 그런 것인지 잘 모르겠지만 적응이 되질 않았다.

그리고 정말 상식선에서 융통성을 발휘할 수 있는 일에 대해서도 나는 그런 지시받은 일 없다, 우리 매뉴얼에 나와 있지 않다는 식으로 딱 잘라버리는 일이 많았다. 한번은 운전면허시험을 보러갔는데 돈을 내고 임시면허증을 받았다. 그런데 이름 철자가 잘못되어 있어서 고쳐달라고 했더니 다시 줄을 서고 돈을 내면 만들어준다는 거다. 어처구니가 없어 항의를 하니, 다른 자리로 가서 누구와 한참 상의하더니 일단 그냥 쓰고 나중에 정식 면허증 나올 때는 정확한 이름으로 나오게 하겠다고 했다.

이 사람 머리에는 임시면허증 발급시에는 줄 서서 몇 달러를 내야 한다는 초단순 업무 패턴만 들어 있고, 자기들 실수로 인한 사고 발생시에는 예외가 적용되어야 한다는 기본적인 원리는 들어 있지 않은 듯했다. 이런 일이 잦았다. "나는 지시받아서 늘 하는 일 외에는 모른다." 한번은 수중에 20불 지폐밖에 없는데 10불 35센트어치 물건을 사게 되었다. 동전이 잔뜩 생기는 것이 싫어서 주머니를 뒤져 35센트를 만들어 20불 35센트를 내고는 10불 지폐로 거스름돈을 받기를 기다렸다. 그런데 점원이 당황하며 화까지 낸다. 왜 쓸데없이 동전을 더 내냐면서 35센트를 굳이 내게 돌려주고 20불을 금전등록기에 집어넣고는 계산기 버튼을 눌러 나오는 9불 65센트를 동전 하나하나 다 세어서 준다. 암산이 불가능한 거다.

그러다가 우리나라 항공사와 휴대전화 회사에 전화할 일이 있었는데 아리땁고 상냥한 목소리의 여직원분들이 어찌나 유능하고 신속하게 일을 착착 처리해주는지 감동적이기까지 했다. 우리나라에 있을 때는 "고객님~" 어쩌고 하면서 간지럽게 늘어놓는 말들이 오버라고 생각해 싫었는데.

초반에 하도 여러 번 황당한 시간 낭비를 당하고 나니 아내와 둘이서 손 꼭 잡고 이런 후진국에서 살기 힘들 것 같다, 우리가 매사에 더블 체크하면서 얘네들 실수할 것도 계산해서 살 수밖에 없다고 다짐까지 했었다.

여하튼, 미국 초기 정착기에는 생각보다 못한 미국사회의 모습에 실망하고 짜증내는 경우가 많았던 것 같다. 그런데 어느 정도 정리가 되고 한숨 돌리고 난 후에는 조금 다른 측면에서도 생각하게 되었다. 단적으로 말해서, 이 나라가 기회의 땅이라더니 정말 '누구나' 먹고살 기회가 있나보다 하는 거였다.

좁은 땅에 많은 인구가 살다보니 치열하게 생존경쟁하며 사는 우리나라에서는 고학력, 높은 근로의욕의 고급 노동력이 남아돌아가는 지경이다. 이곳은 사정이 달랐다. 저학력, 낮은 근로의욕에 온몸에 맞춤법 틀린 문신으로 낙서한 사람들도 슈퍼마켓에서 바코드 찍고 지하철 창구에서 표 팔면서 다들 웬만큼 먹고사는 것 같았다. 고액 연봉을 받는 건 물론 아니겠지만.

앞서 언급한 업무처리 능력이 거의 없다시피 한 직원들은, 잘은 모르지만 추측건대, 고용촉진법에 해당하는 법령에 의해 사업체들에 고용을 의무화한 경우일 것 같다. 누구나 패리스 힐튼처럼 살 수는 없는 나라지만, 누구나 최소한의 노동할 의지만 있다면 일자리는 찾을 수 있는 나라가 아닐까 싶었다.

퇴근시간 일 초만 넘어도 십 미터 줄 서 있는 사람 무시하고 문 탁 닫아버리는 배짱도 고객 입장이 아니라 노동자의 입장에서 보면 당연한 권리가 보장되고 있는 것일 게다. '고객이 왕'이라면서 고객이 떼쓰면 불합리한 것도 무조건 네네 하면서 들어주는 사회가 비정상인 건 아닐까? 우리 대부분은 늘 고객이기만 한 것이 아니라 동시에 고객을 상대하는 노동자이기도 하다. 답답하긴 하지만 매뉴얼에 충실하고 일하는 사람의 권한과 책임이 분명한 사회에도 분명히 장점이 있다는 생각을 하게 되었다.

한편 또다른 측면에도 주목하게 되었다. 계층 간 괴리다. 우리나라에서 보는 계층 간 괴리와 이 나라에서 보는 그것은 차원이 다른 것 같았다. 미국 관광지를 다녀보면 인도 전통의상 사리를 입은 인도인 관광객들은 보았을지언정, 흑인 관광객들은 거의 볼 수 없었다. 99퍼센트가 깨끗한 차림의 백인 가족 관광객들이었다. 그런데, '식스플래그Six Flag'라는 서울랜드 비슷한 놀이동산에 가보니 백인 중산층 차림의 사람은 거의 찾아 볼 수 없고, 엄청난 바지 사이즈의 흑인과 히스패닉들이 주로 모여 있었다. 평생 자기가 태어난 도시 내지 주를 벗어나보지 못하고 죽는 미국인이 인구의 상당수라고 한다.

하다못해 식료품 쇼핑을 가도, 홀푸즈Whole Foods라는 유기농 식품만 파는 깨끗하고 비싼 체인에 가면 온통 백인 중산층밖에 안 보이고, 마켓배스킷Market Basket이라는 값싼 식료품 체인에 가면 여지없이 흑인, 히스패닉, 중국인밖에 없었다. 나 역시 후자의 단골이 되었다.

마틴 루서 킹 목사가 돌아가신 지 어언 몇 십 년이지만, 우아하고 친절하며 손에서 책을 놓지 않고 매일 운동을 하여 날씬한 백인 중산층들과 저질 TV쇼에 열광하며 정크푸드로 엉덩이가 산만하고 팔뚝마다 문신을 한 유색인종들은 사는 동네도, 애들 다니는 학교도, 식당도, 노는 곳도, 얻는 직장도 일목요연하게 달라 보였다. 물론 기회의 땅이니 할렘에서 커서 하버드 로스쿨 교수가 되어 있는 흑인도 있지만, 그 극소수가 실질적으로 분리되어 있는 사회 구조를 덮기에는 부족해 보였다.

이십대 초반의 나라면 이런 식의 현실에 분노하기만 했겠지만, 어느 정도 나이를 먹은 후라서 그런지 다른 측면도 생각하게 되었다. 미국의 역사를 생각해보면 이 정도의 법적 평등이나마 누리게 되고, 낮은 수준의 노동 능력을 가지고도 그럭저럭 먹고살 수는 있게 되었다는 것 자체가 정말 많은 사람들의 피(그저 은유적인 표현이 아니라는 것은 역사가 증명하고 있다)와 땀에 의해 이룩한 일이며, 이런 엄청난 다양성과 불안 요소를 가진 거대한 사회를 붕괴하지 않도록 유지하면서 끌고 가는 힘 자체가 대단한 것이라는 생각이 들었다. 그 수단이 종교든 이데올로기든 문화든 환상의 유포든 말이다.

단일민족 순혈주의의 신화가 붕괴되어가는 우리나라의 미래를 생각하면 더욱 그렇다. 농촌은 베트남 신부들이, 도시 주변부는 방글라데시, 필리핀 노동자들이, 식당 종업원, 가정부 등 도시 중심부의 하급 서비스업은 조선족들이 자리잡고 있는데, 더 나아가 통일이 되면 북한 주민이라는 이미 상당 부분 이질화돼버린 거대 집단이 우리 사회에 편입된다. 그 반대편에는, 미국 시민권을 갖고 태어났거나, 교육을 미국에서 받아 영어에 능통하고 식생활이 달라서인지 백인처럼 얼굴 작고 팔다리는 길쭉길쭉한 사람들이 있다. 과연 서로 동질성을 느낄 수 있을까?

이러한 우리 사회의 근미래상을 생각해보면 사회를 통합하는 큰 틀에 대해 같이 고민해야 할 시기라는 생각이 든다. 고향이 영남이니 호남이니 하는 문제로 작은 나라가 분열되다시피 하는 걸 생각해보면 인종 문제까지 대두될 미래가 두려울 지경이다. 80년대 이후 사회 내에서 대립의 선을 찾아내는 방향의 고민과 열정은 늘 넘쳐났다. 무정부주의를 지향하는 것이 아니라면 이제는 사회를 묶어내는 최소한의 가치에 대해 고민해야 할 것 같다.

필라델피아 한낮의 풍경
—케임브리지 다이어리 2

연수생활 초기에 필라델피아에 다녀왔다. 그 근처에 살고 계신 친지께서 필라델피아 구경을 시켜주셨는데, 자유의 종 등 유명한 미국 건국 시기의 역사 관광지를 스쳐지나가다가 어느새 슬럼가를 지나게 되었다. 말로만 듣던 것과 직접 보는 것은 천양지차였다.

창문 유리가 다 깨져서 합판으로 대충 바람만 막아놓은 주택들, 반쯤 부서진 채 방치되어 있는데도 그 안에 사람들이 살고 있다는 건물들, 시에서 수거해가지도 않는지 쓰레기가 가득한 거리, 오후 3시경인데 행인은 없는 스산한 거리에 삼삼오오 모여 서성거리거나 죽치고 앉아 있는 허름한 힙합 차림의 흑인 청년들. 대부분 마약거래상이라고 한다. 해가 지면 매춘부들이 그 거리마다 서성거린다.

세계 최강대국 5대 도시 한가운데의 낮 풍경이었다. 충격적이었다. 도시 한가운데 이렇게 넓은 구역이 말 그대로 쓰레기장처럼 방치되어 있었다. 인간이 사는 곳이라고 볼 수 없었다. 이건 단순히 가난의 문제가 아니다. 우리의 달동네에는 악착같이 살아보려는 의지와 자식새끼만큼은 번듯하게 공부시키고 싶은 미래에 대한 희망, 가족 간의 온기 같은 것이 남아 있어 사람 냄새가 난다. 하지만 이곳에서는 미래에 대한 어떠한 희망의 조각도 삶에 대한 의지도 느껴지지 않았다.

신호 대기로 멈춰 설 때마다 누군가가 차문을 열고 '헤이 맨' 어쩌고 하면서 총을 들이댈까봐 말 그대로 무서워 벌벌 떨었다. 그런데 안내해주던 친지는 유유자적. 알고 보니 일부러 이곳을 돌면서 진짜 미국의 모습을 보여주려고 하신 거였단다. 이보다 훨씬 더 험악한 지역에서 십여 년 이상 슈퍼마켓을 운영하며 자수성가한 분이기에 이 거리가 당신 집 앞마당처럼 편안하시다나.

한 흑인 커플이 어딘가에서 장을 봐오는지 비닐봉지를 한아름 품에 안고 하염없이 거리를 걷고 있었다. 미국에서는 껌 한 통을 사려 해도 차를 끌고 나가 대형마트에 가야 한다. 처음 미국 온 날 애들 먹일 우유 한 통 사오느라 40분을 걸었다. 차가 두 발이나 다름없는 사회다. 그런데 저들은 차가 없어서 짐을 들고 하염없이 걷고 있는 것이다. 많은 한국 교민들이 흑인 거주지역에서 생명의 위험을 무릅쓰고 슈퍼마켓을 운영하면서 자녀를 아이비리그에 보낼 수 있었던 것은, 한마디로 돈이 벌리기 때문이다. 돈이 벌리는 이유는 이곳이 경쟁 없는 독점시장이기 때문이다. 이

지역에서 장사하려는 백인들은 없다. 이 지역에서 장사할 능력과 의지가 있는 흑인도 없다. 미국 전역에 널린 것이 타깃, 월마트 같은 대형마트들이지만 이들은 거기까지 타고 갈 차가 없다. 그래서 이곳에 있는 슈퍼마켓에서는 대형마트들과의 경쟁 따위 의식할 필요 없고, 받고 싶은 만큼 값을 받을 수 있다. 그리고 빈민 집단 거주지역에서는 술, 담배, 복권이 워낙 잘 팔린다. 우리나라에서도 시에서 주는 지원금만으로 살아가는 생활보호대상자들의 집단거주 영세민 아파트의 슈퍼마켓은 의외로 이문이 쏠쏠하다고 한다.

재미있는 것은 이 지역에 주유소가 딱 하나 있는데, 갤런당 2달러 33센트를 받더라는 점이다. 이렇게 비싼 곳은 미국 와서 처음 봤다. 하버드 로스쿨 근처 주유소는 2달러 9센트를 받고 있었다. 백인 중산층 거주지역 주유소보다 이곳의 기름값이 훨씬 비싼 이유가 무엇일까? 친지의 설명은 슈퍼마켓의 경우와 마찬가지라는 거다. 선택의 여지가 없기 때문이다. 나는 다시 물었다. 주유소에 온다는 것은 폐차 직전일지언정 차가 있다는 건데, 그렇다면 싼 주유소를 찾아가면 될 것 아니냐? 대답은, 이들은 가격을 비교해 싼 곳을 찾아가는 등의 생각도 별로 안 한다는 거다.

요지경 세상이다. 뉴저지에 근사한 식민지풍 저택을 짓고 숲도 소유하고 있는 어느 교민은 반짝세일 정보를 주시하다가 단돈 299불에 7박 8일 카리브 해 크루즈를 다녀왔다고 자랑하고, 나만 해도 책 하나 살 때도 가격비교 사이트에서 최저가를 찾고 마일리지다 쿠폰이다 써가면서 호들갑을 떨고, 식료품도 보스턴 시내를 다 뒤져서 제일 저렴한 체인인 마켓배스킷까지 15분을 운전해 장을 보러 다니는데, 컴퓨터도 인터넷도 차도 그리고 무엇보다도 한 푼이라도 더 아끼고 벌어보려는 악착같은 의지조차도 없는 이들은 시에서 가장 비싼 가격을 받는 하나밖에 없는 작은 가게에서 술, 담배, 싸구려 과자를 사서는 하염없이 걸어서 집으로 돌아가는 것이다.

어쩌면 새삼스럽지도 않은 세상의 이치인지도 모르겠다. 집창촌 아가씨들에게 싸구려 화장품이나 옷을 팔러 다니는 아주머니들은 떼어온 물건값의 열 배 스무 배를 받아내고, 그녀들이 가는 미용실에서는 동네 일반 손님한테 받는 값보다 훨씬 비싼 값을 그녀들에게 받는다. 경제학적으로는 최적화된 가격차별화 정책이다. 수요의 가격탄력성이 낮은 시장이니까.

경제학이란 참 잔인할 정도로 깔끔한 학문이다. 비루하고 때로는 피비린내까지 나는 인간들 행동의 인센티브를 아주 무색무취하고 명쾌하게 정리해주니까. 뉴욕 시의 범죄율이 극적으로 낮아진 원인에 대한 어느 분석을 봐도 그렇다. 줄리아니 시장의 영웅적 업적 운운보다 낙태 허용으로 인해 장차 범죄자가 될 흑인 빈민층 자녀 집단이 아예 출생하지 않게 되어 뉴욕 시의 범죄율이 극적으로 저하된 것이라는 시카고대 스티븐 레빗 교수의 분석은 얼마나 명쾌한가. 몸서리가 쳐지도록(물론 레빗 교수의 분석에 대해서는 학계의 반론도 많다).

한국 교민 몇 분에게 흑인들에 관한 부정적인 이야기를 들었다. 그들은 게으르고 자포자기한 듯 살아가며 순간적인 쾌락만을 좇는다는 것이다. 한국 교민들 대부분은 한국에서 여러모로 실패를 맛보고, 거의 맨주먹으로 미국으로 건너가 닥치는 대로 열심히 일해 이제는 나름대로 아쉬운 것 없이 사는 분들이다. 이들의 눈으로는 흑인 빈민들의 삶이 쉽게 이해되기 어려울 것이다. 물론 나의 천성과 직업병으로 인해 나는 누가 뭐라고 말하든 자동으로 의심하며 듣는다. 교민들의 이야기 역시 이분들의 시각에서 본 세상의 일면이리라. 자수성가형 이민자들의 시각은 이렇구나 하고 속으로 생각하며 들었다. 그런데 그렇다고 일말의 불편한 진실이 없는 것도 아닐 것이다. 이분들은 이렇게 생각할 만한 나름의 근거들이 있는 것이다.

이야기를 듣다보니 미국 인구분포로 볼 때 서민층이 훨씬 많은데도 공화당이 집권하는 이유의 일부를 어렴풋하게나마 짐작할 수 있었다. 공화당에 투표하는 유권자들의 다수는 미국 중부, 남부의 백인들이다. 그들의 입장에서 말하자면, 자신들은 주말이면 교회에 가고, 검소하고 소박한 삶을 살면서 근면하게 일하며 살아왔다. 정부가 자신들을 위해 무슨 대단한 일을 해줄 것을 기대하는 것도 아니다. 그런데 정부가 자꾸 세금을 많이 걷어서 게

으름뱅이, 마약쟁이, 범죄자, 불법이민자 들을 먹여 살리려고 한다. 게다가 옆집까지 한참 떨어져 있는 시골집에 미치광이나 강도라도 나타나면 내 사랑하는 가족을 지킬 것은 내 총밖에 없는데, 이것을 빼앗아가려고 한단다.

이들을 어떤 논리로 설득할 수 있을까? 너희의 조상이 아프리카에서 자유롭게 살던 흑인들을 억지로 잡아와서 목화농장에서 강제노동을 시켰으니, 너희는 자손만대로 저들에게 죗값을 치를 도덕적 의무가 있다고 설득해야 하나? 인간은 도덕적 설교만으로 변화하지 않는다. 현재 이들이 느끼는 부당함에 대한 그럴듯한 답을 주어야 설득이 가능하다.

그 답에 대한 실마리 역시 이곳에서 오래 살아온 친지와의 대화에서 찾을 수 있었다. 이런저런 얘기를 듣던 내가 질문했다. 미국정부는 이 빈민가 사람들을 사회에 생산적으로 기여하는 것 없이 문제만 일으키는 골칫거리로 보고 있겠군요. 그런데, 의외로 대답은 이랬다. “지금은 그렇게 보는 시각도 있겠지만, 한번 생각해봐. 이 사람들이 없었으면 미국이 이렇게 잘살게 되었을 것 같나? 흑인들이 농장에서, 공사판에서, 공장에서 일해서 이렇게 만들어놓은 거야. 미국이 최강국으로 성장한 데는 이들의 역할이 컸다고. 지금 상황이 바뀌었다고 그걸 잊으면 안 돼.”

직접 삶의 현장에서 흑인들과 몸을 부대끼며 살아온 분의 이야기라 더욱 생생하게 와닿았다. 전문적인 용어로 쓰인 경제학자,

기자들의 글로 이미 많이 읽었던 이야기지만 그 느낌이 남달랐다.

필라델피아 외곽지대에는 눈에 띌 정도로 큰 공장이 여러 개 있는데, 모두 문을 닫은 상태였다. 미국은 더이상 자국 내의 굴뚝 공장에 의존하는 국가가 아니다. 산업 구조가 고도화되고 생산 구조가 세계화됨에 따라 국내 2차산업 종사자가 몰락한 것이다.

따져보면 지구상에서 가장 진보한 국가들로 평가되는 북유럽의 스웨덴 같은 나라도 결국 이러한 체제로 부를 창출하고 있다. 스웨덴의 이케아는 이른바 '모듈기업'의 대표적인 사례로, 이곳에서는 디자인과 제품 품질관리만 하고 그 외 생산 공정은 중국, 인도, 베트남, 불가리아, 루마니아 등 저임금 국가에서 외주로 이루어진다. 근래 이민자가 늘어나 극우적인 반이민 정서가 생겨나고는 있다지만, 자국 내에 이질적인 빈곤 계층이 형성되어 있지 않으니 사회의 통합성도 높다.

지식기반 고부가가치산업으로 산업 구조가 이행한 사회에서 저임금 노동력을 제공하던 계층은 잉여인력으로 전락하고 만다. 같은 저학력이라도 지역사회 기반이 탄탄한 백인들은 사정이 낫다. 슬럼가 출신 흑인들은? 계속 슬럼가에서 살 수밖에. 가정 환경, 교육 환경 모두 열악한 상태에서 고도화된 산업 구조에 걸맞은 고급 노동력을 갖추는 건 어려운 일이다. 주변에 온통 마약밀매자와 갱단밖에 없는 상황인지라 좋은 롤모델 자체도 없다. 아메리칸드림의 위기다.

미국정부 입장에서는 이들이 참 골칫거리일 거다. 사실, 정부 관료들이 휴머니스트들이어서 이들에게 사회복지라는 이름으로 많은 돈을 지출해온 것은 아닐 것이다. 이들이 궁지에 몰리면 살기 위해, 또는 자포자기 상태로 범죄와 소요로 사회를 공격하는 위협이 될 것이고, 이러한 리스크를 관리하는 데는 다시 엄청난 예산이 소요되기에, 일종의 보험료에 해당하는 비용을 미리 지출하는 것이다. 문제는 이들이 다시 경제 구조 내에서 제 역할을 하며 스스로의 힘으로 살아갈 수 있도록 교육 기회, 노동의 기회를 만들어내는 것인데, 근본적으로 해결하기까지는 복잡한 난관을 거쳐야 해서 결코 쉽지 않다.

게다가 지금 있는 이들만으로도 골치가 아픈데, 불법이민자들이 국경을 넘어 몰려들어와서 그나마 얼마 남아 있지 않은 저임금 일자리를 가져가면 궁지에 몰린 이들이 어떤 짓을 할지 모르니, 멕시코 국경에 장벽을 쌓자는 주장이 나름 절박한 궁여지책일 수도 있다.

인간 세상의 문제는 참으로 복잡하여 일도양단에 흑백을 가릴 수 없는 면이 많다. 인터넷을 서핑하다보면, 우리 사회의 문제들에 대해 다들 참 명쾌한 정답을 갖고 있는 것처럼 보일 때가 있다. 진보, 보수, 좌파, 우파. 결국 우리 편이냐 아니냐가 중요할 뿐, 문제 그 자체가 갖고 있는 다층적인 면을 있는 그대로 직시하는 목소리는 오히려 귀한 것 같다. 이런 면도 있고, 저런 면도 있고 이야기하면, "간단히 말해서 누구 잘못이란 말이냐! 너 이런 소리 하는 거 보니까 저쪽이지!"라고 윽박지르는 목소리가 당장 튀어 나온다.

특히, 사회를 근본적으로 개혁해야 한다고 주장하는 측이 오히려 그러한 도그마에 더 빠져 있다. 연수 시절, 미국에 연구하러 온 어느 사회운동가이자 사회학자인 분과 얘기할 기회가 있었는데 이런 말씀을 하셨다. "사실, 내가 이런 말을 한 것을 동료들이 알면 나를 변절자라고 욕하겠지만, 전문직 종사자들의 기득권도 일부 인정하지 않을 수 없는 면이 있다고 생각이 점점 바뀌고 있다." 아니, 인간사회를 바라보고 연구하는 학자가 저 정도를 인정하기 위해 변절자라는 비난을 감수하는 용기를 내야 한다면, 도대체 중세 암흑시대의 가톨릭과 뭐가 다른 걸까?

인간사회는 참 묘해서 교과서처럼 정의가 늘 승리하지도 않고, 거기 앞서 무엇이 정의인지도 정의하기 어렵고, 분명히 선의에서 비롯한 정책이 오히려 사람들의 고통만 심화하기도 하고, 인간의 능력과 노력에는 슬프지만 많은 격차가 있고, 빈곤과 불평등에는 사회가 책임질 부분도 있지만, 개인이 책임져야 할 부분도 분명히 있다. 이런 것을 인정한다고 해서 뭔가 지켜야 할 소중한 가치가 훼손되는 것일까? 결국은 직시할 문제와 모색할 해결책 두 가지가 있을 뿐 아닐까?

무지라는 이름의 야수

인도네시아의 1965년 대량학살 사건을 다룬 다큐멘터리 영화 〈액트 오브 킬링〉을 보았다. 1965년 인도네시아 초대 대통령 수카르노의 경호대장이 이끄는 군부가 공산당의 지원을 받아 군수뇌부를 살해한 친위 쿠데타가 일어났다. 하지만 이 쿠데타는 실패로 끝나고 만다. 이후 수카르노를 몰아내고 권력을 잡은 수하르토는 장교들의 쿠데타 배후로 인도네시아 공산당을 지목했다. 이때부터 비극이 시작됐다. 공산당 박멸이라는 구호에 맞춰 당원들은 물론이고 학생, 교사, 지식인 들이 무자비로 학살당했다. 무고한 시민들도 손에 잡히는 대로 죽임을 당했다. 당시만 해도 인도네시아 공산당이 합법적인 정당이었기 때문에 수하르토는 불법 우익단체들과 청년회에게 몰래 무기를 쥐여주며 학살을 지시했다. 우익 세력 '프레만free man'과 '판차실라 청년단'이 국가적 살인을 거들었다. 숙청은 이듬해인 1966년까지 이어졌고, 희생자만 최소 백만 명에 이른 것으로 추정된다. 하지만 가장 큰 비극은 당시 대학살에 동참했던 이들이 지금까지도 국가적 영웅으로 추앙받으며 부귀영화를 누리고 있다는 사실이다.

이 다큐멘터리 영화의 놀라운 점은 학살 사건의 주역인 지역 깡패 조직 프레만('뭐든 자유롭게 하고 싶은 대로 하는 남자들'이라는 뜻의 조직 폭력배) 보스 안와르 콩고와 동료 학살자들이 미국인 감독 앞에서 자랑스럽게 자신의 업적(?)을 자발적으로 세세히 증언하고, 나아가 열성적으로 재연하기까지 한다는 점이다. 당시 동료들과 함께 천 명 이상을 죽인 안와르 콩고는 칼로 죽이면 피 때문에 번잡하고 피비린내가 나서 전선을 목에 감아 당겨서 죽이는 혁신적인 방법을 창안했다며 자랑스럽게 재연해 보여준다. 학살 사건으로부터 40년 이상이 지났지만 여전히 군부독재 세력의 힘이 막강하고, 역사청산 작업이 이루어지지 못한 상태인 것이다. 수하르토는 무려 32년간 철권통치를 계속하다가 1998년 경제위기와 폭동으로 하야했다. 이후 인도네시아의 민주화는 혼란 속에서 더디게 진행되고 있다.

영화는 유도요노 전 대통령 시기에 촬영되었다고 하는데, 유도요노는 온건파이긴 하지만 그 또한 군부 출신이고, 그의 장인 역시 학살 사건의 주역이자 지휘관이다. 당시 부통령인 유스프 칼라가 학살 주역이자 사실상 지역 폭력단인 '판차실라 청년단' 행사에서 이들을 국가를 지켜낸 자유인들로 추켜세우는 연설을 한다. '군이나 경찰만으로는 나라에 필요한 일을 다 할 수가 없다'

'주먹은 꼭 필요할 땐 써야 하는 법이다'라며. 청년단 간부들은 지역사회에 군림하는 영주들 같다. 행동대원들은 시장을 돌며 당당하게 보호비를 뜯어낸다. 학살 사건 주역인 폭력단 간부들끼리 과거를 회상하며 낄낄거리는데, 한 간부는 열네 살짜리 여자아이를 강간한 일이 너무나 즐거웠다며 추억에 젖는다. 미국인 다큐멘터리 감독의 카메라 앞에서 당당히 말이다. 이들은 전혀 거리낄 것이 없는 것이다.

안와르 콩고는 무려 인도네시아 공중파 방송 토크쇼에 출연해 당시 상황에 대한 여자 아나운서의 질문에 당당히 답한다. 자기들이 공산당과 그 가족들을 깡그리 죽여버렸기 때문에 감히 복수하려 나설 놈들도 없다고. 스튜디오에는 군복 비슷한 청년단 제복을 입은 단원들이 앉아 박장대소를 하며 박수를 치고 여자 아나운서는 존경하는 눈빛으로 학살 당시 '인도적인 방법'을 사용하셨다며 칭송한다. 안와르 콩고를 따라다니는 행동대원 헤르만은 수하르토가 만든 정당의 권유로 국회의원에 출마한다. 그는 의원이 되면 건축법상 하자 등을 문제삼아 본격적으로 사람들로부터 거액을 뜯어낼 수 있다고 카메라 앞에서 거리낌없이 이야기한다. 거리를 돌아다니며 그와 행동대원들이 시민들에게 인사를 하자 시민들은 공짜 티셔츠나 선물은 왜 안 주냐며 항의한다. 결국 돈을 뿌려댄 부유한 상대 후보가 당선된다.

이건 조롱을 위해 만들어진 극영화가 아니다. 최근의 인도네시아 곳곳을 다니며 찍은 다큐멘터리 영화고, 극중 인물들은 사회 주류 세력이며 자신들의 업적이 자랑스럽고 당당하다고 태연스럽게 말한다. 그 점에서 지금까지 본 영화 중 가장 그로테스크했다. 파졸리니의 〈살로 소돔의 120일〉보다 더. 나는 이 지옥도가 반공 이데올로기, 극우 이념만의 문제였다는 식으로 단순화할 수 없다고 생각한다.

만약 1965년 당시 공산당이 지원한 쿠데타가 성공하여 집권하였다면 반대로 반혁명 우익 세력을 숙청해야 했을 것이다. 안와르 콩고 같은 지역 폭력 세력은 이념에 따라 움직이는 자들이 아니라(이념을 이해할 최소한의 지성도 없는 자들이다) 권력에 기생하며 돈을 벌고 물욕, 성욕을 충족시키려는 본능에 충실한 사냥개들이다. 이들은 아무 주저 없이 혁명의 기치 아래 우익 세력 숙청에도 열정적으로 헌신했을 것이다. 비슷한 시기 중국에서 마오쩌둥은 홍위병을 동원해 문화혁명을 시작했고, 이로 인해 60만 명(300만 명으로 추산되기도 한다) 이상이 희생되었다. 십 년 후 캄보디아에서는 크메르루주가 공산주의 유토피아를 건설한다며 전 인구의 4분의 1에 해당하는 200만 명을 학살했다. 그리고 이 학살자들 역시 자신의 학살 과업을 자랑스러워했다.

결국 이건 문명과 야만의 문제다. 안와르 콩고를 비롯한 깡패들은 순진무구할 정도로 솔직하다. 그냥 멋대로 욕망을 충족시키는 존재, 그것이 그들 '프레만'들이다. 권력자가 돈을 주며 지시하면 아무 고민 없이 이웃들을 때려죽이고 성욕이 발동하면 열네 살 아이를 강간한다. 극장에서 본 존 웨인 서부영화를 동경하며 존 웨인이 인디언을 학살하는 영웅적인 모습과 자신들을 동일시한다. 그들이 추구하는 자유인, '프레만'이란 그냥 동물적 본능대로 사는 수컷 무리 이상도 이하도 아니다. 이들을 비하할 것도 없다. 한국사회에서 '의리' 운운하며 흥행에 성공하는 조폭영화를 보며 멋지다고 열광하는 이들이 감히 누굴 비하한단 말인가. 깡패란 어떻게 포장해도 프레만 같은 하이에나 수컷 무리일 뿐이다. 비록 인도네시아가 저개발국이긴 해도 오랜 역사와 종교가 있는 사회다. 2000년 동안 저런 상태였을 리는 없다.

냉전, 쿠데타 상황하에서 집권 세력이 정치적 목적으로 내전을 벌이며 기존 윤리 질서의 속박으로부터 이들을 해방free시킨 것이다. '공산당 섬멸을 위해서라면(중국, 캄보디아에서는 반대로 공산주의 유토피아 건설을 위해서라면)' 기존 윤리(문명) 따위 구애받을 필요가 없다는 사인이 떨어지자 평범한 동네 양아치들은 순식간에 학살자로 변신했다. 정치적 목적으로 문명의 작동을 정지하면 인간이란 쉽사리 동물에 가까운 원시 상태로 돌아갈 수 있는 것이다. 심리학자들은 인간 본성이 90퍼센트 침팬지에 가깝다고 본다. 침팬지는 영장류 중 가장 포악하다. 영역권을 침범한 다른 무리 침팬지를 발견하면 떼로 공격하여 찢어죽여 먹어치운다.

이 영화는 오랜 시간 힘들여 구축한 인류 문명이라는 구속복을 벗겨놓으면 인간이라는 영장류 동물이 얼마나 쉽게 야만적이고 잔혹하게 돌변하는지, 펭귄을 강간한 후 먹어치우는 물개처럼(잘 알려지진 않았지만 동물의 세계에서도 강간은 흔하다) 즉각적인 욕구 충족만을 추구하는 약육강식의 짐승이 되는지를 너무나 잘 보여주는 생생한 교육자료다. 이 영화가 보여주는 학살의 역사는 바로 우리나라를 포함하여 세계 곳곳에서 벌어진 바 있고, 또 이 순간에도 벌어지고 있는 보편적인 일들이다. 너무나 보편적이어서 소름이 끼칠 지경이다. 안와르 콩고를 비롯한 학살자들은 사악한 사이코패스라기보다 그냥 무지한 자들이다. 보다보면 어처구니없을 정도의 순진무구함(?)에 인간적으로 느껴질 지경이다. 물론 영화를 보고 이들을 동정하는 건 어리석다. 악을 행하는 악마보다 선악 구분조차 없는 백지 상태의 야수가 더 무섭다. 자기 행동의 의미를 성찰할 줄 모르는 무지야말로 가장 위험한 야수인 것이다. 그리고 이 야수를 문명의 굴레에서 풀어준 것은 무소불위의 정치권력이다.

문명과 폭력

—————— 다큐멘터리 〈액트 오브 킬링〉이 적나라하게 보여주는 인간의 폭력성은 일부 특수한 사회에서만 나타나는 예외적인 현상이 아니다. 지금 이 순간에도 정도와 양상만 다를 뿐 어딘가에서 끔찍한 일이 벌어지고 있다. 판사는 직업상 평생 인간의 폭력성을 날날이 지켜보아야 한다. 매주 연이어 남성이 여성을 살해한 사건을 재판한 기억이 있다. 사소한 말다툼 끝에 아내를 망치로 때려 살해하고, 여관으로 다방 여종업원을 불러 성폭행한 후 살해하고, 헤어지자고 한다는 이유로 여자친구의 온몸에 휘발유를 끼얹어 불을 붙이고, 불붙은 채로 살려고 물가로 달려가는 그녀를 쫓아가 돌로 내리치고…… 연속으로 이런 사건을 보다보면 마치 포식자인 한 종種이 일방적으로 다른 종을 살육하는 광경 같기도 했다. 어떤 때는 인간이 끔찍하게 폭력적인 영장류 동물 중 하나에 불과하다는 생각을 지울 수가 없다. 『판사유감』을 읽은 분 중 가끔 "판사님은 순수하신가봐요. 인간을 참 선하게만 보시

는 것 같아요"라며 충고 섞인 말씀을 해주시는 분들이 있다. 그럴 땐 "그런가요?" 하며 웃을 수밖에. 어찌 보면 맞는 말일 수도 있다. 순수해서가 아니라 이미 바닥을 충분히 보았기 때문이지만.

그런 내게 인류 역사 전체를 통한 인간의 폭력성을 냉정하게 해부해 보여줌으로써 오히려 위안을 준 책이 있다. 『우리 본성의 선한 천사』다. 하버드대 교수인 심리학자 스티븐 핑커는 이 책에서 인간이 폭력성과 어떻게 싸워왔는가를 인류사 차원에서 탐구했다. 이런 책이 좋다. 게으른 고정관념을 깨주는 책. 요약하면 인류의 역사는 원래 내내 끔찍이도 폭력적이었으므로 현재가 그나마 가장 비폭력적이고 평화로운 시기라는 것이다. 그러면서 무엇이 폭력을 감소시킨 원동력인지를 분석한다. 묘하게도, 기대가 없으면 실망도 없다 또는 철저한 비관에서 출발하면 낙관주의자가 될 수 있다는 내 지론과도 통해 무척이나 재미있었다.

사람들은 흔히 핵무기의 위협, 테러와 범죄 증가로 인한 공포를 근거로 현대사회가 끔찍하게 폭력적이라며 절망하면서 자본주의의 탐욕으로 때 묻기 전의 원시사회, 부족사회를 평화로운 낙원으로 묘사하기도 한다. 그런데 유감스럽게도 그런 낭만적 환상은 객관적 증거들과 다르다. 핑커는 집요할 만큼 지구 곳곳에 남아 있는 보편적인 인류의 폭력성에 관한 증거를 제시한다. 원시인 유골에서 자주 발견되는 타살의 흔적, 광범하게 발견되는 식인 풍습, 아직도 원시사회의 모습을 간직하고 있는 파푸아뉴기니 등 오지 부족사회의 높은 살인율, 근대 이전 역사에서 보편적이었던 인간 제물, 마녀사냥, 잔인한 고문과 처벌, 공개 처형, 노예제…… 하긴 지금도 전근대적 사회, 예를 들어 IS가 지배하는 지역 등에서 벌어지는 참수형, 소년병, 여성 할례, 집단 강간, 인신매매 등을 보면 인류의 과거가 어떠했는지 짐작할 수 있다. 낭만적 환상과는 달리 타임머신을 타고 돌아가 안전한 모험을 즐길 수 있는 목가적인 과거는 없는 것이다.

핑커는 단편적인 사례를 넘어 인구 십만 명당 피살자 수라는 통계지표로 다양한 시대, 다양한 나라를 비교해 보여준다. 최근의 일을 더 심각하게 받아들이는 역사적 근시안에 의한 착시효과를 피하기 위해, 해당 시대 인구 대비 희생자 수의 비율로 비교해본 결과 인류 역사상 최악의 사건은 중국 당나라 때 안녹산의 난과 그 후속 내전이었다. 당시 중국 인구의 3분의 2인 3600만 명이 희생됐고, 이는 세계 인구의 6분의 1이었다. 중세 후기부터 20세기까지 문명화가 진행되면서 유럽 국가들의 살인율은 과거의 10분의 1에서 50분의 1 사이로 낮아졌다. 나치의 유대인 학살, 2차세계대전, 스탈린과 마오쩌둥으로 인한 대참사를 다 포함해도 말이다. 20세기 이후 벌어진 끔찍한 전쟁, 학살이 별것 아니라는 얘기가 아니다. 단지 고대나 중세에는 그보다 훨씬 더 끔찍한 일들이 더 일상적으로 벌어졌다는 얘기일 뿐이다.

핑커의 분석에 따르면 세계적으로 폭력을 감소시킨 결정적인 힘은 홉스가 말한 리바이어던, 즉 근대국가다. 만인의 만인에 대한 투쟁 상태를 종식시키기 위해 개인들은 국가를 만드는 사회계약을 체결했고, 국가가 폭력 수단을 독점함으로써 무정부 상태의 폭력으로부터 인민을 보호하게 된다. 상업의 발전 역시 중요한 요소다. 더 많은 교역 상대와 물건을 교환하게 되면 상대가 죽었을 때보다 살았을 때 내게 더 가치 있는 존재가 된다. 근대 이후 폭력적인 남성 문화에서 탈피하는 여성화, 공감의 범위를 넓히는 세계주의의 흐름도 평화를 촉진시켰다. 이는 결국 자유주의적 인도주의를 향해 가치 체계를 진화시켜온 이성의 힘이다. 이를 모두 종합하면 인류 역사가 밟아온 '문명화 과정'이라고 부를 수 있다.

인간의 폭력성을 폭로하는 전반부는 도발적이지만, 그 폭력성을 감소시켜온 요인을 분석한 후반부는 교과서적이다. 우리가 이미 알고 있는 인류 문명 발전의 역사 자체라고도 볼 수 있다. 일견 뻔해 보이지만 결코 그렇지 않다. 인간에 대해 절망하지 않아도 된다는 증거이기 때문이다. 지금 눈에 보이는 인간사회의 끔찍한 면만 보면 비관에 빠질 수밖에 없지만, 시야를 넓혀 오랜 역사를 관찰해보면 인간은 스스로 자신의 폭력성을 제어하며 평화롭게 공존하는 길을 향해 놀랍게 진보해왔다. 성급한 냉소는 어리석다.

흥미로운 부분은 미국과 유럽에서 폭력과 살인 발생율이 지속적으로 감소 추세를 보이다가 1960년대에 반전되어 다시 급증했다는 점이다. 68혁명과 플라워 무브먼트의 시대, 평화와 사랑의 시대의 역설이다. 기성 질서의 억압과 위선에 반발한 반문화counterculture혁명은 인간의 본원적 야만성을 통제하기 위해 꼭 필요한 질서마저도 마비시킨 것이다. 자연으로 돌아가라, 욕망에 충실하라는 문화는 결국 자연 상태의 폭력성을 통제할 기제마저 해체하고 말았다. 기존 질서에 도전하여 창조적 파괴를 수행하는 반문화운동은 사회의 소금 역할을 했다고 할 수 있지만, 소금이 주식을 대체할 수는 없고 결국 다시 기존 모순을 완화한 형태로 주류 질서가 자리잡아야 한다. 양자 모두 자기 역할이 있고, 그중 어느 한쪽이 더 우세한 시기가 있을 뿐이다. 1960년대 이후 1980년대까지 급증한 살인율을 1990년대 이후 대폭 낮춘 것에는 교회 공동체 등에서 기성 질서를 회복하기 위한 노력을 기울인 것이 큰 역할을 했다고 한다. 기성 질서가 억압으로 작용하여 사회적 갈등이 심화되면 다시 새로운 창조적 파괴가 역할을 하겠지만 말이다.

그런데, 전체적으로 핑커의 논지에 동의하면서도 불편함을 느낀 부분이 있다. 핑커는 객관적으로 보았을 때 과거와 비교할 수 없을 정도로 폭력이 감소한 시대에 살고 있으면서도, 지금이 가장 폭력적인 시대라고 절망하고 분노하는 건 착각이라고 지적한다. 맞는 말이다. 그런데 바로 그 착각이 바로 인류의 폭력성을 감소시켜온 원동력 아닐까. 과거보다 나아졌다고 해서 현재 존재하는 고통이 완화되는 것은 아니다. 객관적 증거에 기초한 합리적 추론 이전에 사람들의 도덕적 직관은 현재 존재하는 비극과 부조리에 강하게 분노하는 것이고, 이 분노와 고통에 대한 공감이 장기적인 문명화, 평화화를 추동하는 동력이 아닐까. 과거보다는 상대적으로 낫다, 통계적으로는 나쁘지 않다며 현존하는 문제에 대하여 아무도 분노하지 않았다면 세상은 조금도 변화하지 않았을 것이다.

이제 인간에 대한 폭력을 넘어 동물에 대한 잔혹 행위에 대해서도 분노의 목소리가 높아지고 있다. 혹자들은 이를 비현실적인 호들갑이라고 여기지만, 타자의 고통에 공감하는 범위를 나, 가족, 부족, 계급, 성, 인종, 국적의 범위를 넘어 계속 넓혀온 역사가 바로 인간이 폭력적인 본성과 싸워온 과정이다. 어느 시대에나 타자의 고통에 대해 가장 예민한 이들, 가장 '호들갑스럽게' 문제제기를 하는 이들이 있었기에 우리가 길거리에서 타살당할 염려 없이 일상을 누리고 있는 것이다. 우리 본성의 선한 천사가 잠들지 않게 서로 깨워주어야 하지 않을까.

슬픈 이스탄불

주말, 채널을 돌리다 '꽃누나'들이 이스탄불을 걷는 장면을 보며 그곳을 여행했던 기억을 떠올렸다. 당시 날로 격화되는 민주화 시위 소식에 여행을 망설이기도 했었다. 12년간 장기집권중이던 에르도안 총리는 이미 서구식 민주주의가 정착된 사회에 복고적인 이슬람원리주의를 내세우며 야간 주류 판매 금지, 낙태 금지, 공공장소 애정 표현 규제를 시도했다. 생각이 다른 세력을 탄압하고 언론을 통제했다. 여론 수렴 없이 도심의 마지막 공원을 밀어 쇼핑몰로 개발하려 하자 시민들이 들고일어났다. 열다섯 살 소년이 최루탄에 맞아 쓰러졌고 시위대가 총에 맞아 숨졌다. 이후 총리 일족의 조兆 단위 부정부패가 인터넷을 통해 폭로되자 유튜브와 트위터를 규제했다.

비행기에서 노벨문학상 수상 작가 오르한 파묵의 자전적 에세이 『이스탄불』을 읽었다. 뜻밖에도 파묵은 이스탄불을 상징하는 정서를 '비애'라고 했다. 오스만제국의 몰락으로 인한 상실감,

서구에 대한 패배감이 그의 성장기에 터키사회를 지배했던 것이다. 국부 아타튀르크는 탈脫이슬람세속주의와 서구 지향 정책을 강행했지만 지방에서는 서구화된 도시 엘리트에 대한 거부감이 쌓여가고 있었다. 에르도안이 대선에서 승리한 비밀도 거기에 있다. 서구에 대한 자존심 회복이라는 민족주의, 토건 중심의 경제성장에 대한 지방 빈민들의 지지.

긴장한 여행객의 눈에 비친 이스탄불은 허무할 만큼 평화로웠다. 탁심 광장은 명동과 비슷한 이스티클랄 거리 끝에 있는데, 광장 주위의 경찰 병력이 무색할 만큼 사람들의 물결은 쇼핑과 맛집 거리 앞으로만 흘러넘쳤다. 한구석에서 분노에 찬 청년들이 희생자 사진을 걸고 서명을 받고 있었지만, 관광객들만 잠시 기웃거릴 뿐 무심한 젊은이들의 시선은 연인에게로 뜨겁게 향해 있었다. 예쁜 디저트 가게 2층에 앉아, 앞 테이블의 레즈비언 커플이 서로 사랑스러워 죽겠다는 표정으로 뽀뽀하는 것을 보고 있으려니 여기가 뉴욕인지 파리인지 이스탄불인지 알 수 없었다.

쉴새없이 흘러가는 화사한 젊은이들의 물결과 거리공연 예술가들의 밝은 얼굴을 보면서 비로소 깨닫게 되었다. 저 청춘의 열기에 들뜬 젊은이들의 물결이 결국은 이 자유로운 사회를 종교적 원리주의로 되돌리려는 시대착오적 시도를 막아낼 것이라는 점을 말이다. 세상에는 잠시 멈춰 세울 수는 있어도 돌이킬 수는 없는 커다란 흐름이라는 것이 존재하는 것이다.

실은 여기까지가 신문에 기고했던 칼럼이다. 짧은 지면의 마지막에 담고 싶었던 건 냉철한 분석이 아니라 그저 소박한 바람과 응원이었다. 지면이 제한된 칼럼이라 갈등 구조의 한 면에 집중하여 쓸 수밖에 없었지만, 터키의 정치갈등 구조는 그리 단순한 것이 아니다. 시민들의 자유, 다원주의를 억압하고 종교적 원리주의로 회귀하려는 독재자의 지지기반이 기득권층이 아니라 서민, 특히 발전과정에서 소외되어온 지방의 빈민들이고, 그 독재자를 반대하는 민주화 세력이 오히려 아타튀르크 이래 전통적인 기득권층인 지식인, 군부, 사법부 및 대도시 중산층이다.

태국의 비리 총리였던 탁신 지지기반인 레드 셔츠 서민들과 반反탁신 반정부 세력인 중산층 이상 엘리트의 대립구도와 비슷한 점이 있다. 그런데 가만히 생각해보면 '진보적이고 자유를 희구하는 민중'의 이미지는 지식인들의 환상일지도 모른다. 실제로는 자유, 가치상대주의, 다원주의 등의 서유럽적 가치는 엘리트, 중산층들의 선호이고, 서민들은 윤리적 보수주의, 종교적 원리주의, 배타적 민족주의에 빠져 있는 경우가 많다.

독재자들은 그런 정서를 잘 자극하여 적절한 가상의 적을 던져줌으로써 대중의 맹목적 분노를 정치적 지지기반으로 활용한다. 이런 점에서 직접민주주의가 도입되고 국민들의 정치참여가 높아지면 자동으로 자유와 평등이 진전될 것이라는 기대는 슬프게도 실제로는 배반당한 경우가 많다. 히틀러부터 우리나라의 개발독재 시대까지 독재자들은 대의제를 무력화하기 위해 직접민주주의 장치를 잘 활용해왔다. 90퍼센트 이상의 투표율과 90퍼센트 이상의 찬성율을 기반으로 한 국민투표 결과는 실상 국민의 권리를 제한하곤 했다. 그렇다면 정권의 여론 조작만이 유죄일까?

과거 선량한 미국 시민 다수는 노예소유권이 천부인권이라 믿었고, 버스와 식당에서의 흑백분리가 합리적인 차별이라고 믿었다. 지금도 사우디아라비아의 선량한 시민 다수가, 상당수의 여성들 자신조차 여성은 몸을 가리고 집안에만 있어야 한다고 믿는다. 사우디아라비아 최초의 장편영화이자 여성 감독이 테러 위협 때문에 밴 안에 숨어 촬영 지시를 하며 찍은 영화가 있다. 전투적인 반정부 영화가 아니다. 이웃 남자친구의 자전거가 부러운 열 살 여자아이의 "왜 여자는 자전거를 탈 수 없나요?"라는 질문에 관한 영화 〈와즈다〉다. 학교 운동장에서 놀다가도 옆 건물 옥상에 남자가 나타나면 그의 눈에 띄지 않게 교실로 황급히 들어가야 하는 여학생들, 여성은 운전도 할 수 없기에 출근 차량 기사가 오지 않으면 직장에 가지 못하고 발을 동동 굴러야 하는 엄마. 영화는 이런 사회에서 자기가 원하는 자전거를 얻어내기 위해 분투하는 소녀의 이야기다. 소녀의 영리함과 용기에 미소를 짓게 되지만 영화가 끝나면 이 똑똑한 아이가 어른이 되어 자기보다 훨씬 못한 남자들의 그림자로만 살아야 할 것이라는 점, 그리고 실제 소녀 배우의 삶도 그럴 거라는 점을 생각하게 된다. 소름이 끼친다. 종교, 문화 따위가 이런 야만을 정당화할 수 있는가.

지금 그 사회에서 다수의 의견이라고 항상 옳은 것은 아니다. 만약 다수의 의견이 늘 옳다면 인류는 아직도 천동설을 믿고 잔인한 사적 보복을 허용하며 인종 간 결혼은 금지하고 성적 소수자를 박해하고 있지 않을까. 다수결의 원칙을 중시하는 민주주의에서 다수에 대한 정교한 견제장치도 같이 마련하고 있는 이유다.

대의제, 법률보다 개정이 어려운 헌법, 권력 분립과 견제, 표현의 자유 보장…… 하지만 이런 장치만으로는 부족하다. 사회 구성원들이 자유와 평등의 가치를 폭넓게 공유하는 것이 중요하다. 이를 내면화하려면 끊임없이 대화하고, 토론하고, 잘못된 생각들과 싸워야 한다.

나는 샤를리가 아니다,
나는 아메드다

"나는 샤를리가 아니다. 나는 숨진 경찰관 아메드다. 샤를리는 나의 종교와 문화를 조롱했다. 하지만 나는 샤를리가 그렇게 할 수 있는 권리를 지키기 위해 죽었다." 시사주간지 〈샤를리 에브도〉 테러로 숨진 무슬림 경찰관에 대한 한 무슬림의 트윗이다. 끝 문장은 표현의 자유를 옹호하고 있다. 하지만 앞의 문장들은 자신의 신앙을 조롱하는 행위에는 동의하지 않음을 분명히하고 있다.

〈샤를리 에브도〉는 예언자 마호메트가 카메라 앞에서 벌거벗고 엎드려 "내 엉덩이 마음에 들어?"라고 묻는 만평을 게재했다. 이들은 모든 권위에 도전함을 모토로 교황도 자국 대통령도 이런 식으로 풍자했다. 이들의 표현의 자유는 옹호해야 한다. 타인의 의사 표현을 이유로 테러를 가하는 것은 문명세계에서 정당화할 수 없는 행위다. 하지만 이들의 표현 방법이 현명했는지에 관해 합리적 의문을 제기하는 것은 가능하다. 이들 스스로도 자신에 대한 무슬림의 반대시위 권리를 옹호했다.

일부 이슬람 국가에서 벌어지는 심각한 인권 침해, 성차별에 대한 책임을 마호메트에게 묻는 것이 가장 효과적인 방법일까? 그렇다면 가톨릭의 중세 마녀사냥에 대한 책임은 야훼 또는 성모 마리아에게 물어야 할까? 이슬람이든 가톨릭이든 고대 중근동사회를 배경으로 성립한 종교들이 전근대적 요소를 품고 있는 것은 당연하다.

진화심리학자 스티븐 핑커는 구약성서엔 폭력적 차별적 요소가 많지만 근대 계몽적 인도주의에 적응한 현대 기독교는 이를 그대로 따르지 않는 예를 들며 종교는 인간사의 지적 사회적 흐름에 반응한다고 분석한다. 7세기에 쓰인 코란의 문제라기보다 이런 근대적 변용이 지체되고 있는 후진성이 문제 아닐까. 그렇다면 비판의 타깃은 시대착오적인 근본주의 종교지도자와 권력자들일 것이다. 타깃을 정밀하게 좁혀 이들을 고립시켜야 하는데, 반대로 20억 무슬림 일반을 자극해 앞서 말한 무슬림 트위터리안 같은 온건한 이슬람 세력을 고립시키는 것이 현명한 전술일까.

사회심리학자 조너선 하이트는 인간은 합리적 추론보다 도덕적 직관에 의존하는데, 미국 진보 세력은 인간이 진화 과정에서 공통적으로 발달시킨 도덕성 중 자유와 배려에만 치중하고 정당한 권위, 고결함, 소속 집단에 대한 충성심은 무시해 지지 세력을 확대하지 못하고 있다고 분석했다. 상대의 도덕감정을 모욕하는 것보다 상대도 공감할 만한 부분을 넓혀가는 것이 현명하다. 〈샤를리 에브도〉는 '금지하는 것을 금지하라'는 68혁명의 후예다. 그들은 저항의 목적인 휴머니즘보다 저항 그 자체를 더 신성시하는 근본주의에 빠진 것은 아닐까.

우리가 참조할 모델사회는 어디일까

급속한 성장을 이루는 과정의 개발도상국으로서 한국사회는 언제나 선진국을 참조하며 배우려 노력해왔다. 혹자는 그것이 너무 강박적이라면서 비꼬기도 하지만, 좋은 성과를 내고 있는 모델을 벤치마킹하는 것은 분명히 유용한 방법이다. 그런 관점에서 볼 때 우리가 참조할 만한 모델사회는 어디일까.

복잡한 문제의 답은 의외로 단순할 때가 많다. 거창한 이념이나 이상이 아니라 실증적으로 실적이 뛰어난 사회들이다. 전교 30등이 성적 향상을 위해 참고할 공부 방법은 우선 지금 전교 10등 안에 드는 아이들의 공부 방법 아닐까. 사용자의 만족도에 해당하는 국민의 행복지수를 우선 가장 중요한 지표로 삼되, 국가경쟁력, 일인당 국민소득, 교육 시스템, 양성평등, 정부의 투명성과 효율성, 정치적 자유와 인권 보장 등의 객관적 지표들도 중요하게 보아야 한다. 지표들을 찾아보면 간단하다. 이런 모든 면에서 뛰어난 '엄친아' 국가들은 극소수에 불과하니까.

좋든 싫든 21세기 현시점에서 인류가 종합적으로 참조할 만한 실적으로 입증된 성공사회는 단적으로 말하면 북유럽, 독일, 미국이 전부인 듯하다. 캐나다, 호주, 뉴질랜드도 최우등생들이지만 유럽 모델의 연장선상에 있어 중복되므로 생략한다면 말이다.

앞서도 이야기했지만 지구상 행복지수 최상위의 국가이면서 과학기술, 경제력, 정치 민주화 등 모든 측면에서 뛰어난 국가들, 이민 가서 살아보고 싶은 나라들은 전부 자유와 평등을 조화시키고 있는, 근대적 민주주의의 기반 위에 복지국가 원리를 실현하고 있는 나라들이다. 스칸디나비아 국가들, 캐나다, 호주, 뉴질랜드, 독일 등(여기에 사회문제 많은 미국이 왜 끼는지는 뒤에 다시 얘기해보도록 하자).

이걸 명확히하는 것이 중요한 이유는, 전통적으로 이 나라들과 대비되는 집단주의 문화권에 속해왔고 개발독재 시대에 압축성장을 이룩한 경험을 생생하게 간직하고 있는 세대가 아직도 많은 우리 사회는 여전히 다른 모델을 찾으려 하는 경향이 강할 것이기 때문이다. 서구식 개인주의는 우리 전통과 맞지 않는다, 나라마다 맞는 문화가 따로 있다, 서양이 오히려 동양의 지혜를 배우려 한다는 등의 입장이다. 여기서 더 나가면 이런 논리가 등장한다. 국가와 민족의 발전을 위해서는 무분별한 자유를 억제할 줄 알아야 한다, 나라가 잘살아야 개인도 잘사는 거다, 국익을 침해하고 국론 분열을 낳는 표현의 자유는 규제되어야 한다, 옛날

이 좋았다…… 공교롭게도 이런 분들이 가장 싫어하던 '중공' 즉, 중국이 급속도로 경제발전을 하고 슈퍼 파워로 등장함에 따라 이 같은 논리가 앞으로 더 힘을 받을 가능성이 있다. 중국을 봐라, 민주주의는 비효율적이다, 독재 좀 하면 어떠냐 잘 먹고 잘살게 해주면 되는 거지. 그 징표가 싱가포르 리콴유 전 수상 별세 때의 유난스러울 정도의 추모와 칭송 열기 아닐까. 중국공산당 지도부가 모델로 삼은 나라가 바로 싱가포르라고 한다. 국민에게 정치적 자유를 부여하지 않아도 경제만 발전시키면 체제를 유지할 수 있다는 증거이기 때문이다.

현재 우리 사회의 근본 사회계약인 헌법이 자유민주적 기본질서를 토대로 현대적 복지국가 원리를 조화시키고 있음에도 자유주의와 민주주의가 내면화되지 못한 우리 사회에는 언제든 이런 시대착오적인 논리가 등장할 위험이 있다. 그래서 우리가 참조할 모델사회가 어떤 곳이 되어야 하는지에 대한 고민은 직업에 관계없이 모든 시민이 관심을 갖고 끊임없이 토론해야 하는 게 당연하다. 남의 미래가 아니라 우리 자신이 살고 싶은 미래가 어떤 방향인지의 문제니까. 경제학자도 사회학자도 아니고 전문지식도 없지만 시민의 한 사람으로서의 소박한 생각을 적어보고자 하는 이유도 여기 있다.

지상천국은 존재하는가

근래 몇 년 동안 복지, 교육, 행복, 심지어 디자인까지 모든 면에서 이상적인 모델로 가장 자주 등장하는 것은 북유럽 국가들이다. 하도 여기저기서 북유럽의 모든 것에 대한 유토피아적 찬송가만 넘쳐나니까 오히려 현실성 없게 느껴질 지경이다. 그림자도 같이 보여주면 오히려 빛이 더 선명하게 느껴질 텐데 말이다. 연애를 할 때도 상대를 진지하게 생각한다면 그녀를 화장실도 안 가는 완벽한 여신처럼 이상화하지는 않는다. 그래서 예전부터 북유럽사회에 관한 책이나 기사는 오히려 비판적인 관점의 내용을 더 찾아보는 편이다. 증거 없이 함부로 믿지 않는 직업병이다.

북유럽사회는 알면 알수록 과연 이 이기적이고 비합리적인 인간이라는 영장류가 자력으로 도달한 사회가 맞단 말인가 하는 의문이 나올 정도로 이상적인 모습을 많이 가진 훌륭한 사회가 맞기는 하다. 정부가 아프리카 빈국에 대한 원조 예산을 삭감하려

하자 시민들이 자발적으로 반대 시위를 벌일 정도로 사회 구성원의 인류애와 시민의식이 높다. 총리가 대중교통을 이용하는 것이 당연하고 버스기사든 대학교수든 자존감에 차이가 없다. 그러나 화려하고 짜릿하고 신나는 곳은 아닌 것 같다. 대한민국이 즐거운 지옥이라면 북유럽은 지루한 천국에 가까운 듯하다.

몇 년 전 가을에 덴마크의 상고제도 연구와 관련해 코펜하겐으로 출장을 다녀온 적이 있는데, 사회 문화적인 면에서는 감명받은 점이 많지만, 거기 살라고 하면 사양하고 싶은 것이 솔직한 심정이었다. 오후 4시에 이미 어두워진 거리, 비싼 물가, 고풍스럽지만 을씨년스럽기도 한 건물들, 길고 긴 밤. TV에도 거리에도 노골적인 포르노가 범람하는 이유를 충분히 이해할 수 있었다. 한편으로는 아, 북극의 찬바람이 불어오고 백야 현상이 나타나는 북유럽의 사람들은 이 땅에서 살아남기 위해 정말 빼저리게 노력했겠구나, 더불어 살 수밖에 없었겠구나 하는 생각도 들었다. 북유럽은 역사적으로 바이킹이라는 약탈 공동체로나 유지 가능했을 만큼 기후나 지정학적 이유로 풍요롭지 못했다. 그 결핍으로 인한 생존 전략으로 공동체주의 문화 전통을 내면화했기에 지금의 사회 문화가 성립한 것 아니었을까.

일조량, 자연환경, 지정학적 조건 등은 생각 이상으로 인간사회의 많은 것을 좌우한다. 복지 정책으로 인해 사람들이 무력증에 빠져 북유럽의 자살률이 높다는 순진하기까지 한 주장보다는 연간 일조량, 기후 때문에 그렇다는 주장이 더 설득력 있다. 일조량 부족으로 인한 계절성 우울증은 의학적으로 근거가 있으니까 말이다. 열대 휴양지에서 유럽 사람들이 아무것도 안 하고 하루종일 일광욕을 즐기는 모습을 쉽게 볼 수 있다. 인간이 동물인 이상 일조량, 기후 등 자연적 요소에 크게 영향을 받는 것이다. 북유럽 사람들은 자체적인 노력으로 높은 수준의 사회를 만들어 이러한 불리한 자연 환경을 극복한 것 아닐까 싶다. OECD 국가들의 자살률 통계 추이를 보면 북유럽과 비슷한 기후 조건의 러시아가 우리나라와 함께 일등을 다투고 있다. 북유럽의 자살률이 높다지만 실제 통계를 보면 핀란드만 유일하게 상위권에 있다가 최근 국가적인 노력으로 인하여 급격히 자살률이 감소했음을 알 수 있다. 그 외의 북유럽 국가들의 자살률은 원래 OECD 중위권에 불과했다.

북유럽사회의 그림자로 가장 많이 꼽히는 것은 수입의 많은 부분을 세금으로 내는데다 물건 가격에 붙는 부가세 같은 간접세도 높아 결국 모두가 비슷비슷 검소하게 살 수밖에 없는, 말하자면 대박이나 야심, 화려한 성취 같은 것이 어려운 협동조합사회에 가깝다는 점이다. 보컬 그룹 아바, 이케아 창업자같이 자기 재능으로 큰 성공을 거둘 수 있는 개인들이 세금 때문에 국적을 바꿀 정도다. 하물며 이 징글징글하게 경쟁적이고 지기 싫어하며 물질만능주의적인 다이내믹 코리안들이 답답해서 견딜 수 있을까.

세금 문제는 결코 간단한 문제가 아니다. 2014년 연말정산

방식 변경 후 시민사회에서 벌어진 그 격렬한 반발을 생각해보면 북유럽 모델은 우리 사회와는 거리가 멀어도 너무 먼 것 아닌가 하는 생각이 들 정도다. 높은 세 부담을 북유럽 사람들이 감수하는 것은 내가 낸 세금이 효율적으로 쓰여서 반드시 내게 혜택이 돌아온다는 신뢰가 형성되어 있기 때문이다. 청렴하고 유능한 정부와 공무원들이 오랫동안의 실적으로 그런 신뢰를 얻어낸 것이다. 사회를 바꾸려면 도덕적인 것만으로 부족하고 유능해야 한다. 우리나라도 국민이 높은 세율을 감수하게 하려면 먼저 세금이 효율적으로 사용되어 국민에게 골고루 그 혜택이 돌아온다는 것에 대한 사회적 신뢰가 구축되어야 한다.

중산층에게도, 부자에게도, 기업가에게도 득이 되는 측면이 있어야 하고, 그런 점을 신뢰감 있게 설득할 수 있어야 한다. 단지 '가진 자'니까 마땅히 내놓아야 한다, 어차피 부의 축적 과정에서 사회에 빚을 진 것 아니냐는 식의 논리만으로는 타협이 불가능하다. 인간의 근본적인 이기심을 인정하면서 어떤 정책이 서로에게 이익이 되는 지점이 있다는 것을 근거로 설득하고, 필요하면 타협하고 양보하는 과정이 필요하다.

사실 북유럽 복지국가 자체가 오랜 사회적 타협의 산물이다. 스웨덴 복지국가의 설계자 비그포르스는 비타협적 혁명론을 폐기하고 실현가능한 잠정적 유토피아, 즉 현실적인 차선책을 제시하고 타협하는 노선을 택했다. 사민당의 집권이 확고해진 1930년대에 사민당은 재계와 대타협을 이루었다. 당시 스웨덴 기업들은 저임금을 기반으로 한 수출산업에서 세계 경제 위축으로 수출 비중이 줄어들고 내수산업 위주의 산업구조로 변화하는 상황을 맞았다. 저임금보다 노사관계 안정으로 안정적 생산을 하는 것이 기업 이익 극대화에 더 필요한 상황이었다. 노조 쪽에서도 강경 파업보다 산업 합리화와 생산성 향상에 협조하는 것이 노동자 이익에 더 도움이 되는 국면이라고 판단했다. 그런 노사 대타협으로 대규모 파업과 이에 맞서는 직장폐쇄를 어렵게 만들고 분쟁을 노사협의회에서 예방적으로 해결할 수 있도록 했다.

그리고 1940년대 말 성립된 렌-마이드너 모델은 더욱더 시장친화적인 대타협이다. 그 핵심은 연대임금 정책. 같은 업종에서 같은 일을 수행하는 노동자들에게 같은 임금을 지급하도록 강제하는 것이다. 임금 수준이 중간으로 수렴되므로 우수 기업은 오히려 인건비를 낮출 수 있고 그렇지 못한 기업은 높아진 임금을 감당 못해 결국 시장에서 퇴출된다. 선택과 집중으로 능력 있는 기업을 키워서 사회를 먹여살리는 엔진 역할을 하도록 한 것이다. 또한 평생직장 보장은커녕 노동시장을 유연화하는 정책을 폈다. 대신 실업자에 대한 높은 실업급여와 질 좋은 직업훈련을 국가가 책임짐으로써 노동자의 현재 일자리는 보장하지 못하지만, 일자리를 잃은 노동자가 다른 직장을 찾을 수 있도록 해 실업 문제를 해결했다.

스웨덴은 의외로 상속세와 증여세가 없는데, 이는 세계적 경기침체로 인한 불황 문제가 심각해지자 우파 연립정권이 8년간 집권하면서 기업가들에게 활력을 불어넣기 위해 추진한 정책이라고 한다. 법인세율을 낮추는 친기업 정책을 펴기도 했다. 사민주의가 1930년대부터 확고하게 자리잡은 사회에서도 꼭 필요한 국면에서는 한 발 물러나 다른 처방을 써보고 타협하는 것이 그들이 택한 현실 정치인 셈이다. 그리고 그 처방의 문제점이 대두되자 다시 사민당이 집권하고 있다. 진영 논리에 매몰되지 않고 각 상황, 국면에 따른 처방을 냉정하게 선택하고 있는 것이라고 봐야 한다. 그에 비해 우리는 거의 종교전쟁을 치르는 것 같다. 절대선 절대악의 구도로 서로를 바라보니 대화가 불가능하다. 역사적으로 유독 명분론, 도덕주의, 종교적 열정이 강한 사회라서 그런지도 모르겠다.

북유럽 국가들에 대해 알면 알수록 대단하다고 느끼면서도 우리와 다른 점이 너무나 많아서 곧바로 우리의 발전 모델로 삼는 것은 비현실적이라고 느껴진다. 우선 북유럽 국가들은 모두 서울시 인구보다도 적은 인구를 가진 강소국으로 분류될 수 있다. 싱가포르, 홍콩 같은 도시국가도 마찬가지로 우리나라와 규모가 다르다. 인구가 적고 동질성이 높은 나라의 경우 체질 개선이 더 용이하고 신속하게 이뤄질 수 있다. 반대로 미'합중국'이나 중국같이 그 자체로 유럽연합보다 큰, 하나의 작은 세계와도 같은 국가들 역시 우리가 그대로 모방하는 것이 불가능하다. 나라의 크기, 분단 경험 등의 측면을 보면 북유럽보다는 독일이 현실적으로 참고할 만한 모델이라는 입장도 있다.

그리고 앞서 살펴본 것처럼 북유럽에서 이루어진 사회적 대타협은 그들 특유의 산업구조, 1930~40년대 일어난 두 차례의 세계대전과 대공황, 공산주의와 자본주의의 체제경쟁이라는 시대적 상황하에 이루어진 것이다. 그들이 추구한 복지국가라는 사회적 목표 자체는 보편적인 가치이지만 여기에 이른 방법까지 보편적이라고 단정하기는 어려운 것이다.

북유럽 모델을 따를 것을 우리 사회에 제안하는 이들은 우리 사회의 현재 상황에 맞는 구체적인 정책 제안을 사회적 공론의 장에 꾸준히 내놓아야 할 것이다. 최근 몇 년 사이에 증세와 복지에 관한 논의가 활성화되기 시작한 것은 다행스러운 일이다. 나만 하더라도 솔직히 북유럽 모델의 높은 세율에는 거부감이 크다. 세금으로 복지 서비스를 공동구매하는 것이라고는 하지만, 공동구매 대신 내가 직접 선택하여 내가 선호하는 서비스를 구매하고 싶은 욕구도 크다. 그렇다고 사회적 약자를 위한 연대의식만으로 월급의 절반 가까이를 세금으로 낼 만큼 희생정신이 투철하지도 못하다. 하지만 북유럽 모델을 지향하는 이들의 주장에 귀를 열고 경청할 준비는 되어 있다. 그러므로 막연한 유토피아로의 꿈이 아니라 실현가능한 정책 제안으로 설득해주면 좋겠다. 정당들이 이제는 지역주의나 종북 논란 수준을 넘어 북유럽-독일-미국 모델을 놓고 정책 대결을 벌이며 사회적 공론의 장을 열어 유권자들의 선택을 받았으면 한다.

개인적인 의견으로는 북유럽사회에서 배울 것은 정치나 제도 이전에 먼저 그들의 문화적 전통이 아닐까 한다. 스웨덴의 문화적 전통 중 중요한 것으로 '라곰Lagom'이 있다. '너무 많지도 너무 적지도 않게, 적당히'라는 뜻이다. 바이킹 시대 술통을 돌려가며 마시는 풍습에서 유래한 것으로, 한 사람이 너무 많이 마셔버리면 다음 사람이 마시지 못하니 적당히 나눠야 함을 강조하는 말이라고 한다.

북유럽 전역에서 관습법처럼 통용되는 '얀테의 법'이라는 것도 있다. 1933년 산데모제라는 노르웨이 작가가 이를 정리하여 소설 속 가상의 덴마크 마을 얀테의 관습법으로 발표했다고 하는데, 그 내용의 핵심은 '당신이 특별하다고 생각지 마라, 남보다 더 낫다고 남보다 더 많이 안다고 남보다 더 중요하다고 생각하지 마라, 남을 비웃지 마라'다. 스웨덴이나 핀란드에서 공부한 한국과 일본 학생들의 글을 읽어보니 북유럽에서는 사춘기 학생들조차 자기 집이 부자인 티를 내지 않아서 뒤늦게 친구 집에 놀러가서 큰 부잣집인 것을 알고 놀랐다는 에피소드가 많았다. 북유럽 국가들도 자본주의 체제다. 재벌이 있고 빈부격차가 있다. 하지만 자기과시를 부끄럽게 생각하는 성숙한 배려의 문화가 정착되어 있기에 빈부격차가 실제보다 더 적게 느껴진다. 우리 사회는 아마도 그 반대일 듯하다.

리처드 D.루이스의 책 『미래는 핀란드에 있다』에서 소개한 핀란드인이 중요하게 생각하는 가치들 역시 흥미롭다. 핀란드에는 '시수Sisu'라는 말이 있는데, 이는 열악한 자연 환경과 러시아의 압박 속에 살아오며 형성된 핀란드인의 끈기와 강인한 기질을 말한다. '루오테타부스Luotettavuus'는 신뢰성과 언행일치를 말한다. 핀란드인들은 정직성을 집착에 가까울 정도로 중시하여 국민 대부분이 세금을 정직하게 내고 탁월한 자질의 총리가 국회에서 '부정확한 용어'를 사용했다는 이유만으로 해임될 정도라고 한다. 기본적으로 말 많음을 불신하고 과묵함을 선호하는데, 이를 잘 보여주는 핀란드 유머가 재미있다. 핀란드인 두 명이 코냑 열 잔 정도를 침묵 속에 비우며 백야에 지평선 따라 움직이는 태양을 구경한다. 마침내 한 명이 중얼거렸다. "하늘 멋지군……" 그러자 다른 한 명이 소리를 질렀다. "여기 술 마시러 왔지 종일 수다 떨려고 왔나!"

추운 기후, 척박한 환경에서 비롯된 것으로 추측되는 이런 문화적 전통들이 있었기에 이들은 욕망을 자제하고 조화를 추구하는 사회를 건설할 수 있었던 것이 아닐까.

담대한 낙관주의자들이 꿈꾸는 대담한 상상

선진사회를 참조하는 일은 실제로 사회가 더 낫게 바뀌기 위해서는 어떤 것들이 필요한지에 관한 케이스 스터디일 뿐, 좋아 보인다고 3D프린터로 뽑아내듯 바로 복제가능한 일은 아닐 것이다. 나라마다 처한 상황이 너무나 다르기 때문이다.

그런데 우리가 참고할 만한 모델사회에 관해 고민하기 전에 염두에 두어야 할 것이 있다. 우리에게 주어질 미래의 밑그림 자체에 해당하는 나라들이다. 우선, 중국의 부상을 염두에 두어야 한다. 우리의 지정학적 환경 탓에 좋든 싫든 우리는 중국의 영향하에서 살아갈 수밖에 없기 때문이다. 한편에는 인류의 미래 자체를 바꾸는 엔진 역할을 하는 나라가 있다. 여전히, 미국이다.

미국의 주도하에 인공지능, 나노테크놀러지, 로봇공학 등 인류 전체의 삶, 아니 인간에 대한 정의 자체를 바꿀 수도 있는 거대한 기술 혁신이 일어나는 상황에서, '우리는 북유럽 같은 지상낙원에서 살고 싶다'만 외치는 것은 자칫 자족적이고 순진한 이야기로 그칠 수밖에 없는 듯하다. 현재 인류의 미래를 바꿀 키를 쥐고 있는 것은 세르게이 브린과 래리 페이지, 마크 저커버그, 일론 머스크 같은 미국의 최고경영자들이 아닐까. 판 자체가 새로 짜이고 있는 것이다. 인공지능 한 가지만 해도 인류의 미래 일자리 분포부터 인간에 대한 정의까지 근본적으로 바꿔버릴 핵폭탄이다. 『특이점이 온다』를 쓴 레이 커즈와일 같은 괴짜 미래학자는 나노테크놀러지 발전으로 2045년경에는 극소형 로봇들이 인간의 몸속에 삽입되어 노화와 질병을 막아 불로장생이 가능하다고 믿으며 그때까지 살아남기 위해 막대한 돈을 들여 온갖 영양제를 먹고 있다 한다.

그 정도로 변화 속도가 빠를 거라고는 보기 어렵지만 그런 방향의 움직임이 있는 것은 현실이다. 과학기술의 발전으로 변화에 가속도가 붙어서 이제는 단 몇 십 년 내에 어떤 정도로 인류의 삶이 변화할지 함부로 예측하기 어려운 수준이다. 앤서니 기든스의 『제3의 길』, 제러미 리프킨의 『유러피언 드림』 『한계비용 제로 사회』 등 학자나 사상가들의 미래에 대한 구상보다 혁신적인 기업가들의 대담한 상상이 더 직접적으로 우리의 미래를 좌우할 수도 있다는 생각이 들어서 두려울 지경이다. 서울에서 뉴욕까지 두 시간 안에 주파할 수 있는 초대형 진공 튜브 자기부상열차 하이퍼루프를 구상하고 2026년까지 자체 개발 우주선으로 인류를 화성에 데려가겠다는 일론 머스크 같은 이를 보고 있자면 말이다. 요즘 가장 인기 있는 슈퍼 히어로 아이언맨의 실제 모델이 그인 것도 어찌 보면 당연하다. 동시에 마블사의 최신작 〈어벤저스: 에이지 오브 울트론〉에서 그 아이언맨의 성급한 실수 하나가 인류를 절멸의 위기에 몰아 넣는 것 역시 실현가능한 공포인 것이다.

좀 엉뚱하지만 나는 디즈니 애니메이션 〈빅 히어로〉를 보면서 미국이 무섭다는 생각을 새삼 하게 되었다. 젊은 과학 천재들이 픽사나 애플같이 자유로운 환경의 대학연구소에 모여서 일과 놀이의 구분 없이 자유분방하게 기발한 로봇을 만드는 모습, 인간의 외로움까지 포근히 감싸 안아주는 힐링 로봇 베이맥스, 거리낌없이 일본 문화에 대폭 포섭되어 마치 일본 식민지처럼 보이는 미래의 샌프란시스코. 미국의 문화적 포용성과 자신감, 상상력이 넘쳐나는 영화였다. 미국인들에게는 인류의 미래는 고정되어 있지 않으며 자기들 손으로 직접 만들어나갈 수 있다는 거대한 낙관주의와 자신만만함이 있다고 느꼈다. 우리 사회가 내부 갈등 속으로 끝없이 침잠하며 미래에 대한 전망이 없다며 낙담하고 있는 것과 너무나 달랐다.

이런 생각에는 근거가 있다. 팍스 아메리카나 시대의 유물에 가까웠던 침몰하는 공룡 디즈니가 〈겨울 왕국〉 〈빅 히어로〉 같은 작품을 내며 회생한 것은 디즈니와 합병한 픽사의 수장 존 래시터가 디즈니를 이끌기 시작했기 때문이다. 〈빅 히어로〉에 나오는 창의적 천재들의 놀이 공간 같은 연구소는 픽사 스튜디오의 자유로운 분위기 자체를 묘사한 것으로 봐도 될 것 같다. 디즈니가 픽사를 인수하기 전에는 스티브 잡스가 픽사의 대주주였다. 실리콘밸리의 DNA가 픽사를 거쳐 디즈니에 이식된 것이다.

미국의 상상력은 미래를 막연히 상상하는 것을 넘어 미래를 이미 와 있는 현실로 전제하고, 그로 인해 창조되는 새로운 세계 속의 관계, 갈등, 사랑을 그리는 수준에 이르고 있는 것이다. 누군가에게는 미래가 이미 곁에 와 있는 현실인데, 누군가는 과거만 붙잡고 싸우고 있다. 미래는 그것을 상상할 수 있는 자들의 것이다!

결국 미래가 고정되어 있지 않은 이상 20세기의 경험만으로 모델을 찾는 것에는 한계가 있다. 움직이는 과녁에 화살을 쏘아야 하는 상황인 것이다. 우리 현실에 맞게 응용할 수 있을 뿐 그대로 베끼면 되는 모범답안은 세상에 없다. 할 일은 지금 우리가 처한 문제에 대한 솔루션을 하나하나 실용적으로 찾아가며 앞서가는 나라들의 장점이나 경험을 부분적으로 참고하는 것이다. 도그마에 빠지지 말고, 유토피아적 환상을 경계하며, 더디더라도 분명히 내일은 오늘보다 낫게 만들 수 있다는 담대한 낙관주의를 가지고서 말이다.

강한 책임을 기꺼이 질 수 있는 가치관

미국에는 유독 슈퍼 히어로 영화가 많다. 우연한 계기로 큰 힘을 갖게 된 주인공이 주변의 질시와 오해 때문에 고통받으면서도 자신이 아니면 막을 수 없는 위기를 맞아 외면하지 않고 자신의 힘으로 막아내려 하는 이야기들이다. 실패했을 경우 엄청난 책임을 뒤집어쓸 것이 뻔한 상황에서도 말이다. 이런 주제를 잘 요약한 것이 영화 〈스파이더맨〉에 나오는 "강한 힘에는 강한 책임이 따른다"는 대사다.

비단 영화만이 아니다. 미국사회에는 지위가 높든 낮든 자신이 맡은 책임을 다하기 위해 헌신하는 사람을 영웅으로 존중해주는 문화가 정착되어 있다. 아이돌이 아니라 소방관이 아이들로부터 환호를 받는다. 꼭 직책에 따른 책임만이 아니다. 위기 상황하에서 평범한 시민들도 자신이 해야 할 역할이 있다고 판단되면 슈퍼 히어로처럼 과감히 떨쳐일어난다. 평범한 승객이 총을 든 비행기 납치 테러범에게 덤벼드는 것은 유불리를 계산해서 할 수 있는 일이 아니다. 이는 한 사회에 내면화되어 있는 가치관의 문제일 것이다. 과연 '강한 책임을 기꺼이 질 수 있는 가치관'은 어떻게 배양되는가.

보통은 '사회지도층, 어른들이 먼저 모범을 보여야 한다'거나 '윤리 교육을 강화해야 한다' 등등의 답이 나올 듯하다. 내 의견은 '작은 책임부터 부담 없이 맡을 수 있어야 한다'다. 우리 사회는 타인의 시선에 극도로 예민한 집단주의 문화의 사회다. 나서는 걸 죄악시하고 튀지 않아야 한다는 강박 속에 산다. 그럴 수밖에 없는 것이 누가 뭘 잘했을 때의 칭찬보다 그가 뭐 한 가지 잘못했을 때 그러면 그렇지 하고 달려들어 돌팔매질하는 광기가 훨씬 뜨겁다. 당연히 리스크를 최소화하려면 책임을 맡지 말아야 한다.

인간은 누구나 실수하는 존재다. 어릴 때부터 잘하든 못하든 뭔가를 책임지고 하는 것 자체에 대해 아낌없이 칭찬하고 못한 부분은 감싸주고 격려하는 문화가 기꺼이 책임지는 어른을 만들어낸다. 게다가 무엇을 시도하고 실질적인 일을 만들어내는 사람보다 남의 잘잘못을 지적하고 평가하는 사람들이 훨씬 많다. 창작자보다 평론가가 많다고나 할까. 사실 비평할 논리야 얼마나 많은가. 미봉책에 불과하다, 본질적인 해결이라고 볼 수 없다, 구조적인 문제인데 현상만 일부 건드리는 것이 무슨 의미가 있느냐, 나름 노력은 한 것 같지만 한계를 벗어나지 못했다…… 노력이라도 해보려는 남을 냉소함으로써 그것도 하지 않는 비루한 자신을 위안한다. 어차피 세상은 바뀌지 않는데 다 쇼일 뿐이라며.

팔짱 낀 채 '한계' '본질' '구조적인 문제' 운운 거창한 얘기만 하며 아무 행동도 하지 않는 것이야말로 아무나 할 수 있는 거라고 생각한다. 진짜 용감한 자는 자기 한계 안에서 현상이라도 일부 바꾸기 위해 자그마한 시도라도 해보는 사람이다. 어떤 통속적인 미국 드라마를 보다가 아래 대사를 듣고 그 통찰력의 깊이에 놀란 일이 있다.

> 냉소적으로 구는 건 누구나 할 수 있어Anyone can be cynical.
> 담대하게 낙관주의자가 되라구Dare to be an optimist.

감히 가정하는 것조차 죄스럽고 조심스러워서 망설여지는 이야기지만, 세월호 사고 초기에 선장이나 해경 현장 지휘자가 모든 승객에게 당장 구명조끼 입고 바다로 뛰어들라고 명령했다면 어땠을까. 분명히 많은 생명을 구할 수 있었겠지만 그 경우에도 일부의 희생자가 나올 가능성은 있다. 차가운 수온, 거친 해류, 여기저기 부딪치는 사고……

이 경우 우리 사회가 최선의 결단을 했다며 격려해주었을 것이라고 확신할 수 있을까. 너무 성급한 조치였다, 구조선과 더 유기적으로 협조했어야 한다, 구명정을 차례로 내렸어야 한다 같은 비난이 난무하지는 않았을까.

우리 사회는 '결과책임론'이 지배하는 사회다. 물론 이런 가정이 무의미할 정도로 현실에서 무책임의 극치를 보여준 자들을 변호할 생각은 추호도 없다. 하지만 우리 사회의 이런 문화가 최악과 차악 사이에서 선택해야 하는 상황에 놓인 책임자를 결정 장애와 도피심리로 몰아넣는 측면이 있음도 직시해야 한다고 본다. 영미식의 실용주의 가치관은 인간의 한계를 인정하는 전제 아래 해야 할 의무를 다 이행했다면 과감하게 면책한다. 결과가 제아무리 중대하더라도 말이다. 이것이 강한 책임을 기꺼이 지게 하는 사회의 비결인지도 모른다.

낯선 것에 대한 공포와 성숙한 사회

——————　에볼라 바이러스가 세계를 공포로 몰아넣고 있던 2014년 여름, 33세의 젊은 미국인 의사 켄트 브랜틀리 박사는 철수하자는 제안도 거절하며 서아프리카 라이베리아에서 에볼라 감염 환자들을 치료하며 의료봉사활동을 계속하다가 결국 에볼라에 감염되고 말았다. 미국 본토 역시 에볼라에 대한 공포가 극심했음에도 불구하고 토머스 프리든 미국 질병통제예방센터 소장은 브랜틀리 박사를 비롯한 자국민 감염자를 미국 본토로 송환하여 치료하기로 결정한다. "왜 감염자를 미국으로 데려오느냐"는 비난이 쇄도하는 가운데 토머스 프리든은 한 방송 인터뷰에서 "사람들의 우려를 이해하지 못하는 건 아니다"라고 하면서도, 단호하게 말했다. "낯선 것에 대한 공포가 우리의 연대감을 이길 수는 없다."

이후 켄트 브랜틀리 박사는 극적으로 완치되었지만, 토머스 프리든은 계속 위기를 맞았다. 미국 내에서 감염자와 사망자가 발생해 유행병처럼 공포가 번져가면서 서아프리카 여행 금지조치 등 보다 강력한 조치를 취하지 않는 것에 대한 비난 여론이 일었고 사임 압력이 고조되었다. 질병통제예방센터와 일선 병원 직원들의 업무상 실수가 발생해 이에 대해 사과하기도 했다.

공화당 의원 두 명이 프리든의 사임을 요구한 상태에서 의회는 청문회를 개최하여 프리든에게 날 선 공격을 퍼부었다. 프리든과 오바마 행정부가 가장 비판받은 것은 서아프리카와 미국 사이의 전면적 여행 금지 조치를 취하지 않은 점이었다. 워싱턴포스트의 여론조사 결과 미국인의 3분의 2는 전면 금지에 찬성했다. 하지만 프리든은 여행을 금지해도 어차피 들어올 사람은 어떤 식으로든 들어올 것이므로 오히려 에볼라 바이러스를 추적하기 더 어려워진다며 여행 금지는 과학적으로 합리적인 방어수단이 되지 못한다고 설명했다.

프리든의 차분하고 논리정연한 대답이 이어지자 청문회 분위기도 차분해졌고, 일부 의원들은 "더 도울 것은 없느냐"는 질문으로 질의를 마쳤다. 토머스 프리든은 이후에도 여론의 압력에 따른 급선회를 하지 않은 채 센터를 이끌고 있다.

이런 태도는 프리든만의 것이 아니다. 서아프리카에서 에볼라 환자를 치료하다가 귀국하려던 미국인 간호사 케이시 히콕스는 에볼라 바이러스 음성반응 확진을 받고 아무런 증상을 보이지 않았음에도 뉴저지 주 뉴어크 공항에서 4일간 강제격리 조치를 당한 후, 다시 거주지인 메인 주로 옮겨져 에볼라 잠복기에 해당하는 21일간의 자택 격리 조치를 받았다.

히콕스는 이러한 조치는 의학적인 근거가 없는 피어볼라(공포Fear와 에볼라Ebola의 합성어)로 인한 인권침해라고 반발하며 남자친구와 함께 집밖으로 나가 자전거를 탔다. 메인 주 당국은 주 법원에 강제격리 조치를 취해줄 것을 요구했다. 국민 여론은 강제격리를 지지했다. 뉴욕에서 시행한 여론조사에서 응답자의 82퍼센트가 에볼라 환자와 접촉한 의료진은 증상이 없어도 21일간 강제격리해야 한다고 답했다.

하지만 메인 주 법원은 강제격리 조치 신청을 기각했다. 의학적 판단을 존중한 것이다. 세계보건기구에 따르면 에볼라 바이러스는 잠복기에는 전염이 되지 않는다. 에볼라 증상 발현 전까지는 전염되지 않으며 발열 시작 후 하루나 이틀 뒤에야 비로소 전염되기 시작한다. 따라서 히콕스처럼 증상을 보이지 않는 의료진까지 격리할 필요는 없다. 메인 주 법원 찰스 레베르디 판사는 판결문에서 "히콕스는 확고한 과학적 근거 없이 누군가의 헌법적 권리를 침해하는 조치의 심각성을 알리기 위해 노력했다. 사람들은 공포에 치우쳐 행동하지만 이 공포는 전적으로 이성적인 것이 아니다"라고 밝혔다.

비전문가인 나로서는 토머스 프리든과 미국 정부 책임자들의 에볼라 대응이 최선이었는지에 대해 평가할 능력은 없다. 내가 주목한 것은 이 낯선 것에 대한 무시무시한 공포에 대응하는 과정에서 프리든과 메인 주 법원 판사가 보여준 자세였다. 자신의 판단이 잘못될 경우 수백만 이상의 국민이 죽어갈 수도 있는 위기 상황이다. 그리고 공포가 전 국민을 사로잡고 있어 합리적이고 이성적인 여론의 형성을 기대하기 힘들다. 최고 전문가라고는 하지만 그런 상황에서 자신에게 주어진 그 과중한 책임의 무게에 짓눌린 채 여론의 눈치를 살피게 되는 것이 일반적인 인간의 본능 아닐까.

우리 사회를 배경으로 상상해보자. 국민 여론의 82퍼센트가 찬성하는 긴급한 조치가 있다. 그것도 국민 생명, 건강에의 위협이라는 심각한 공포를 이유로 한다. 과학계는 근거 없이 사회적 공포를 야기하는 것이라 주장하며 반대한다. 하지만 여전히, 과학자들의 의견이 꼭 백 퍼센트 정확하다는 보장이 어디 있느냐며 국민 여론은 들끓는다. 그리고 다른 모든 사안과 마찬가지로 과학계의 공식 입장과는 반대되는 의견을 제시하는 학자나 재야 전문가들이 등장하게 마련이다. 근거 없는 음모론이 횡행하기 시작한다. 이 상황에서 여론을 거스르는 결정을 할 책임자가 얼마나 있을까?

더 나아가, 당시로서는 최선의 과학적 근거에 따라 그 조치를 거부했는데, '블랙 스완'에 해당하는 예측할 수 없었던 결과가 발생해 다수의 사망자가 발생하고 만 경우, 결정 당시로서는 최선의 결정이었으므로 법적 책임은 물을 수 없다는 결론을 우리 사회가 수용할까?

앞의 글에서 얘기했듯 우리 사회처럼 '결과책임론'이 지배하는 사회에서는 위기 상황에서 전문가가 강한 책임을 기꺼이 지면서 체계적으로 사태를 수습하기가 어렵다. 그때그때 책임만 회피하려는 미봉책이 난무하기 쉽다.

그런데 이를 무조건 대중의 책임으로 돌리는 것은 맞는 것일까? 전문가 집단을 신뢰하지 않는 대중을 우매하다고 탓하기 전에 왜 신뢰를 얻지 못하는지부터 돌아봐야 하지 않을까? 위기에 대응하는 데는 다양한 역할이 필요하다. 과학적 근거에 따라 대책을 마련하는 사람들도 있어야 하지만, 대중과의 커뮤니케이션을 담당하며 그들을 안심시키고 후속 대책에 대한 신뢰를 얻어내야 할 사람들도 있어야 한다.

메르스 사태 때의 예를 들어보자. 대중의 메르스에 대한 공포가 비과학적인 호들갑에 불과하다고 폄하하는 의견이 많았다. 광우병, 신종플루 때와 마찬가지로 실질적인 위험성은 사람들이 생각하는 것처럼 높지 않다는 것이다. 의학적으로는 맞는 판단일 수 있다. 그런데 현대 심리학은 다른 측면에도 주목해야 함을 지적하고 있다.

심리학자 폴 슬로빅에 따르면 사회의 다양한 위험 요소에 대해 순위를 매기도록 한 결과, 비전문가인 일반인들이 가장 큰 위험 요소로 꼽은 원자력발전을 전문가들은 최하위로 평가했다. 전문가들은 자동차 사고, 흡연이 오히려 압도적으로 위험하다고 보았다. 이런 차이가 나타나는 이유는 위험을 인식하는 기준 자체가 다르기 때문이다. 전문가들은 사망률 통계 등의 양적 지표에 따라 판단한다. 이에 따라 전문가들은 원자력발전소 근처에 거주하는 것이 평소 자동차를 운전하는 것보다 통계적으로 훨씬 안전하다고 평가하지만 대중에게는 설득력이 없다. 슬로빅에 따르면 일반인이 체감하는 위험도는 양적 지표보다는 결과의 끔찍함 정도, 자신의 지식 범위 밖에 있는 미지의 정도, 위험에 노출되는 사람 수에 따라 주로 결정된다고 한다.• 치사율이 높다고 알려진 신종 전염병은 이 세 가지 요소를 모두 충족한다. 한국인이 미개해서 메르스에 대해 호들갑을 떠는 것이 아니다. 메르스에 대한 공포는 인간의 보편적인 심리 구조에 기인한 공포인 것이다.

심리학자들은 일견 비합리적으로 보이는 인간의 직관들을 오랜 진화 과정의 산물로 해석한다. 맹수나 독초 같은 미지의 위험이 가득한 원시 수렵생활에서 확률 계산을 하기보다는 과민할 정도로 위험을 경계하고 피하는 것이 생존 확률을 높였을 것이다. 심리학자 대니얼 카너먼은 일견 비합리적일지라도 대중의 공포를 무시해서는 안 된다고 본다. 공포 자체가 고통스럽고 심신을 쇠약하게 만드는 또다른 위험 요소이므로 정책 결정자들은 대중

• 중앙일보 2011년 4월 5일자 「〈조현욱의 과학 산책〉 위험 심리학」에서 재인용.

을 실질적 위험뿐 아니라 심리적 공포로부터도 보호하기 위해 노력해야 한다는 것이다.•

미국 환경청은 화학물질로 인한 위험 정도에 관하여 지역주민과 대화할 때, 대중을 정당한 파트너로 받아들일 것, 대중의 관심사에 귀기울일 것, 정직하고 솔직하게 정보를 공개할 것 등 리스크 커뮤니케이션의 7가지 원칙을 제시한 바 있다. 위험에 대응하는 전문가 집단은 냉철한 과학적 태도를 견지하되, 대중을 상대하는 사람들은 대중의 두려움을 존중하고 솔직하게 대화하며 안심시킬 책임이 있다. 그리고 그런 역할을 하기 위해 정치 지도자라는 직업군이 존재한다. 오바마 대통령은 에볼라 완치 판정을 받고 퇴원한 간호사를 백악관에 초청해 포옹하고, 이 장면을 찍은 사진을 백악관 홈페이지에 게재했다. 대중의 공포는 존중받아야 하는 것이다.

낯선 것에 대한 공포에 대응하는 과정에서 미국사회가 보여준 것은 과학적 판단을 존중하는 합리주의, 어떠한 여론의 비난을 받더라도 합리적 근거와 소신에 따라 임무를 수행하는 전문가들, 신뢰를 바탕으로 하여 함부로 책임자와 대응방식을 바꾸지 않는 뚝심 있는 시스템, 그리고 단 한 명의 자국민도 버리지 않겠다는 강력한 연대감을 표시하며 국민을 안심시킨 리더십이다.

한 사회의 성숙함은 위기 속에서 비로소 분명히 모습을 드러낸다.

• 대니얼 카너먼, 『생각에 관한 생각』, 이진원 옮김, 김영사, 2012, 208~209쪽.

우리가 잃은 것들

──────── 모교 행사 때문에 오랜만에 청운동을 찾았던 적이 있다. 행사에 들른 후 혼자 효자동 쪽으로 골목길을 걸어 내려갔다. 소년 시절 악동 친구 녀석들과 뛰어다니며 장난치던 오래된 골목길. 하지만 이제 아이들의 모습은 찾을 수 없었다. 보이는 것은 청와대를 보러 온 중국 단체관광객의 행렬, 골목마다 서 있는 검은 양복의 사내들, 그리고 '서촌'이라는 이름의 관광지를 찾아온 사람들이었다. 새로 들어선 찻집들 사이를 무심히 걷다가 한 장의 포스터와 마주쳤다. 나무가 되어 굳어버린 소년의 머리카락이 초록 무성한 이파리로 자라나고 있는 그림과 함께 '단원고등학교 2학년 4반 18번 빈하용 전시회'라고 쓰여 있었다.

그 소개문 때문이 아니라 그림 때문에 홀린 듯 서촌갤러리의 좁은 계단을 올랐다. 전시실을 가득 채운 작품들은 충격적이었다. 일러스트의 섬세한 필치는 알폰스 무하를, 만화적이면서 그로테스크한 이미지는 무라카미 다카시를 떠올리게 했다. 에곤 실레의

자화상처럼 도전적인 시선의 인물화도 있었다. 기발한 상상력, 섬세한 묘사, 대담한 색채. 그림마다 이야기를 품고 말을 걸어오는 듯했다. 사춘기 소년의 불안정함과 완성된 작가의 원숙함이 묘하게 교차하고 있었다. 갤러리에 있는 분께 빈하용군의 그림 이력에 대해 물었다. 그는 여섯 살 때부터 그림 그리기에 빠져서 손에 잡히는 종이마다 그림을 그려댔다고 한다. 전시된 그림 중에는 가정통신문 뒷면에 그린 것도 있었다. 성적표 뒷면에도 그렸단다. 아무런 전문 교육을 받지 못한 상태에서 혼자 대부분의 작품 세계를 완성했다. 뒤늦게 미술학원에 들어갔고, 지난봄엔 친구들과 함께 수학여행을 떠났다. 그리고 이제 더이상 이 세상에서는 그림을 그리지 못하게 되었다.

그는 물고기를 참 좋아했나보다. 전시실 가득 다양한 물고기 그림이 있었다. 도시의 빌딩숲 사이를 거대 물고기들이 유영하는 그림을 한참 바라보다 갤러리를 나왔다. 길 건너 통인시장이 보였다. 집에 있는 애들 생각이 나서 복잡한 시장통을 걸어 명물 기름떡볶이를 한 움큼 샀다. 그런데 등뒤로 한 여자분이 뛰어가며 다급한 목소리로 누군가를 불렀다. "윤아, 윤아." 그러다 어느 신사분과 부딪혔나보다. "죄송합니다, 아이를 잃어버려서요. 죄송합니다." 그러곤 아이를 부르는 목소리가 점점 멀어져갔다. 나는 내 새끼 줄 떡볶이를 든 채 멍하니 서 있었다. 그때 갑자기 떠올렸다. 이 범상한 무심함 때문에 우리가 잃은 것들을 말이다.

뒤늦게 나는 시장통을 뛰어 쫓아갔다. 아이가 멀리 가지 않았기를 속으로 빌고 빌었다. 서로 원조라고 주장하는 떡볶이집들을 지나고, 도시락을 든 채 반찬을 골라 담는 사람들을 지나, 시장통이 끝나는 곳에 그 여자분이 인형같이 자그마한 여자아이를 꼭 끌어안고 앉아 있었다. 나도 모르게 말을 건넸다. "애를 찾으셨네요. 다행이에요." 여자분은 환하게 웃었다. "네, 고맙습니다."

집에 돌아가며 생각했다. 한 개인으로 자기 삶을 행복하게 사는 것만도 전쟁같이 힘든 세상이다. 학교에서 살아남기 위해, 입시경쟁에서 살아남기 위해, 취업 관문에서 살아남기 위해, 결혼시장에서 살아남기 위해, 직장에서 살아남기 위해, 일하며 아이를 키우는 고통에서 살아남기 위해, 그 아이가 다시 이 험한 세상에서 살아남도록 지키기 위해. 그런 개인들이 서로를 보듬어주고 배려해주는 것은 얼마나 힘든 일인가. 또 그렇기에 얼마나 귀한 일인가.

우리 하나하나는 이 험한 세상에서 자기 아이를 지킬 수 있을 만큼 강하지 못하다. 우리는 서로의 아이를 지켜주어야 한다. 내 아이를 지키기 위해서 말이다.

개인주의자 선언

1판 1쇄 2015년 9월 23일
1판 61쇄 2024년 7월 15일

지은이 문유석

기획 김소영 | 책임편집 박영신 | 편집 황은주
디자인 최윤미 이주영 | 저작권 박지영 형소진 최은진 오서영
마케팅 정민호 서지화 한민아 이민경 안남영 왕지경 정경주 김수인 김혜원 김하연 김예진
브랜딩 함유지 함근아 고보미 박민재 김희숙 박다솔 조다현 정승민 배진성
제작 강신은 김동욱 이순호 | 제작처 영신사

펴낸곳 (주)문학동네 | 펴낸이 김소영
출판등록 1993년 10월 22일 제2003-000045호
주소 10881 경기도 파주시 회동길 210
전자우편 editor@munhak.com | 대표전화 031)955-8888 | 팩스 031)955-8855
문의전화 031)955-3579(마케팅), 031)955-2697(편집)
문학동네카페 http://cafe.naver.com/mhdn
인스타그램 @munhakdongne | 트위터 @munhakdongne
북클럽문학동네 http://bookclubmunhak.com

ISBN 978-89-546-3775-6 03300

* 잘못된 책은 구입하신 서점에서 교환해드립니다. 기타 교환 문의 031)955-2661, 3580

www.munhak.com